HISTORIQUE

SUR

... ÈRE ARNOUX

ET SUR

... REFUGE DES JEUNES CONDAMNÉS

dont il a été le fondateur;

... ADMINISTRATEUR DE CET ÉTABLISSEMENT.

> Occidit ei sol cùm adhùc esset dies.
> (Jérémie, ch. xv, vers. 9.)

PARIS,

... MADAME VEUVE BOUCHARD-HUZARD,

... DE L'ÉPERON, 5.

1859

NOTICE HISTORIQUE

SUR

M. L'ABBÉ ARNOUX.

NOTICE HISTORIQUE

SUR

M. L'ABBÉ ARNOUX

ET SUR

LA MAISON DE REFUGE DES JEUNES CONDAMNÉS

dont il a été le fondateur;

PAR UN ANCIEN ADMINISTRATEUR DE CET ÉTABLISSEMENT.

Occidit ei sol cùm adhùc esset dies.
(JÉRÉMIE, ch. XV, vers. 9.)

PARIS,
IMPRIMERIE DE MADAME VEUVE BOUCHARD-HUZARD,
RUE DE L'ÉPERON, 5.

1859

Cette notice (1), destinée à rappeler les vertus d'un homme enlevé trop tôt à la pratique des bonnes œuvres, avait été commencée il y a longtemps. L'auteur, distrait alors par d'autres occupations, n'avait pu donner suite à ce petit travail ; il n'avait point oublié cependant cette dette de l'amitié ; il l'acquitte aujourd'hui, persuadé qu'on n'arrive jamais trop tard lorsqu'il s'agit de rendre hommage à la vertu. D'ailleurs cet opuscule aura, sans doute, quelque intérêt pour les anciens collaborateurs du bon prêtre, eux qui, sûrement, en ont conservé un précieux souvenir. Il n'est peut-être pas inutile aussi de retracer des œuvres qui, probablement, ont eu quelque influence sur l'établissement d'œuvres analogues auxquelles elles ont pu servir de modèle, ou dont elles ont fait naître la pensée. Puisse donc cette

(1) Cette notice a été écrite il y a plusieurs années ; des circonstances indépendantes de la volonté de l'auteur en ont jusqu'à présent retardé l'impression.

esquisse réveiller, dans le cœur des anciens amis du vertueux prêtre, un sentiment agréable et religieux; et, si elle était vue par d'autres, puisse-t-elle, en établissant une chaîne entre le passé et le présent, servir d'encouragement à ceux qui exercent maintenant la charité avec un zèle si actif et si digne des bénédictions de tous les gens de bien!

NOTICE HISTORIQUE

SUR

M. L'ABBÉ ARNOUX.

François-Xavier ARNOUX naquit à Niort, le 8 novembre 1792 (1), de parents peu favorisés des biens de la fortune; la Providence lui réservait une autre gloire que celle de la naissance et des richesses, et dès son enfance il paraît qu'il montra une disposition singulière à la piété.

Arrivé à Paris, à l'âge de neuf ans et demi, avec sa famille, il fit sa première communion à Saint-Thomas-d'Aquin, fut attaché à cette église en qualité d'enfant de chœur, de clerc de sacristie, et continua à fréquenter les catéchismes. Il se fit remarquer entre tous les autres enfants par sa piété. M. l'abbé Borderies, qui exerçait alors le saint ministère avec tant de succès en qualité de premier vicaire de cette paroisse, et qui, depuis, est mort évêque de Versailles, lui proposa d'entrer dans l'état ecclésiastique. Ses parents, à qui la modicité de leur fortune ne permettait pas de lui faire suivre les longues études que cet état exige, le placèrent chez un tailleur, où il eut bientôt l'occasion d'exercer son zèle. La femme de son maître étant tombée dangereusement malade, le jeune Arnoux, voyant que personne ne songeait à lui faire rece-

(1) On a suivi la date marquée sur son épitaphe; d'après des renseignements ultérieurs, et qui paraissent certains, il serait né le 4 novembre.

voir les sacrements, alla lui-même chercher un ecclésiastique et lui procura ainsi les consolations et les secours de la religion.

M. l'abbé Borderies le voyait souvent et lui faisait entrevoir le bonheur de servir Dieu et l'Église. On s'aperçut qu'il n'employait point à ses repas le temps ordinaire; on prit des informations, et il avoua qu'il allait tous les jours prendre des leçons de latin chez un ecclésiastique du voisinage, âgé et infirme, auquel il donna ensuite, pendant longtemps, des soins assidus, restant auprès de lui les dimanches, et employant à lui rendre des services tous les moments dont il pouvait disposer. Il avait alors de seize à dix-sept ans.

Ce fut vers cette époque que, introduit à l'hôpital de la Charité par quelques personnes pieuses et bienfaisantes, qui alors y exerçaient leur zèle (1), il fit l'apprentissage de ces vertus douces et compatissantes dont, par la suite, il donna de si touchants exemples.

Trouvant un jour à l'hospice un jeune homme de 21 ans, dont l'unique métier était d'amuser, sur la place publique, l'oisive curiosité des passants, il découvrit qu'il n'avait pas été baptisé : il le ramena en peu de temps au bien par ses exhortations et lui procura le bonheur de recevoir le baptême et de faire sa première communion; mais, craignant pour ce nouveau chrétien les dangers de l'oisiveté auxquels il allait de nouveau se trouver exposé, il fit faire une

(1) Au nombre de ces personnes, on avait vu autrefois M. de Janson, alors auditeur au conseil d'État, mort évêque de Nancy, si connu par son ardente charité; M. le comte Alexis de Noailles, M. de Loménie; M. de Rohan, alors laïque, mort depuis archevêque de Besançon et cardinal; M. le vicomte Mathieu de Montmorency; M. de Maccarthy, depuis ecclésiastique; M. Feutrier, mort évêque de Beauvais, et M. de Portets, alors étudiant, depuis professeur à l'école de droit et au collége de France.

quête afin de lui procurer tout ce qui lui serait nécessaire pour apprendre un état, et il eut la consolation de voir ce jeune homme répondre à ses soins.

Une autre fois, ayant instruit à la Charité un malade qui devait être transféré à Saint-Louis, il lui promit d'aller le voir à cet hôpital; touché du sort d'une foule d'infirmes qui y sont réunis, il eut l'heureuse idée d'y faire aussi des instructions, et il commença cette œuvre nouvelle, aidé de M. Bordier (1), homme d'un zèle actif, et qui s'est occupé ensuite avec tant de succès de l'œuvre des Savoyards; il continua à y aller toutes les semaines, et son exemple fut suivi par plusieurs autres personnes charitables.

Tant de marques de piété et de zèle déterminèrent enfin quelques personnes à lui faire continuer des études qui n'étaient, pour ainsi dire, qu'ébauchées dans le monde. Il entra donc au petit séminaire Saint-Nicolas, où son application à remplir ses devoirs, sa douceur, son affabilité lui méritèrent l'estime et l'affection de ses supérieurs et de ses condisciples, qui lui ont conservé le plus tendre souvenir. Le temps des vacances était employé soit à aider aux divins offices, soit à faire des instructions aux villageois, qui tous le chérissaient.

Ayant terminé ses études au séminaire de Saint-Nicolas, il entra au séminaire de Saint-Sulpice, école de science et de vertu modeste et, peu de temps après, il fut attaché au petit catéchisme de cette paroisse; là, comme partout, son extrême douceur et l'agrément de son caractère lui gagnèrent tous les cœurs.

Désigné en 1815 pour faire l'éducation du jeune de Sesmaisons, petit-fils de M. Dambray, chancelier de France; placé, par un secret dessein de la Providence, qui ne tar

(1) Il est mort il y a plusieurs années.

dera pas à nous être dévoilé, dans la maison de ce chef de la magistrature, et au milieu d'une famille respectable et de tous les exemples de vertus douces, aimables et bienfaisantes, M. l'abbé Arnoux se fit chérir de tous, et c'est une chose digne de remarque, qu'ayant gagné l'estime des maîtres et l'affection de son élève par ses dispositions agréables et prévenantes il ait su inspirer aux serviteurs, par l'ascendant de sa vertu autant que par ses manières affables et obligeantes, cette vénération et ce respect mêlés de confiance qu'il eût eu peut-être de la peine à obtenir par sa naissance. Ce qui devait encore lui gagner tous les cœurs, c'est qu'il chercha constamment à être utile, ne négligeant rien de ce qui pouvait servir les intérêts de chacun, cherchant surtout à inspirer à tous le respect pour la religion.

Obligé d'accompagner partout son élève, l'abbé Arnoux allait tous les ans avec lui à la campagne et cherchait à s'y rendre utile aux divers curés du voisinage en les aidant, autant qu'il était en lui, dans leurs pénibles fonctions. Étant souvent en Normandie, dans les terres du chancelier, il eut occasion d'observer le zèle avec lequel plusieurs curés de cette province instruisaient des enfants qui montraient des dispositions pour l'état ecclésiastique, et il chercha à les seconder dans cette bonne œuvre. Ayant un jour visité une classe tenue par un maître instruit, et ayant remarqué quelques enfants qui lui paraissaient avoir de l'intelligence et de la piété, il eut l'idée d'en choisir, tous les ans, un certain nombre pour leur faire continuer à Paris des études commencées en province. Il obtint l'entrée gratuite des plus pauvres à la petite communauté des clercs de Saint-Sulpice; en plaça d'autres dans des pensions du voisinage, se chargeant de l'entretien de plusieurs, soit à ses propres dépens, soit au moyen de secours qu'il obtenait des princes et d'autres personnes charitables. Un assez grand nombre d'enfants furent ainsi placés successivement, et, si tous n'ont pas continué de suivre la carrière ecclésiastique, plusieurs se sont fait constamment remarquer par leur piété, et quelques-uns par leurs talents. Cette œuvre a ainsi été continuée jusqu'à sa mort, qui seule a pu l'interrompre, et ces jeunes clercs ont ensuite été placés à Rouen pour y poursuivre leurs études, ce que M. Arnoux avait obtenu pour eux avant de mourir. Telle est l'œuvre que sa charité lui avait fait entreprendre et qui avait donné l'idée au respectable abbé Tesseyre (1) de le mettre à la tête d'une communauté de jeunes enfants, qu'il projetait et que la mort l'empêcha d'établir.

Mais l'œuvre la plus remarquable qu'il ait entreprise est celle des prisons, et voici quelle en fut l'origine :

Se trouvant un jour dans le salon de M. le chancelier, avec M. le comte Anglès, préfet de police, l'abbé Arnoux, qui avait entendu dire que les prisons renfermaient un certain nombre d'enfants, lui fit plusieurs questions à ce sujet et lui témoigna le désir d'entrer dans les prisons et de visiter ces malheureux enfants ; le préfet lui accorda avec empressement l'entrée de ces tristes lieux, et lorsque M. Arnoux, touché du déplorable état de ces pauvres enfants, eut conçu l'heureuse idée d'entreprendre leur régénération morale, le préfet l'y encouragea beaucoup et lui facilita les moyens de commencer et de continuer cette bonne œuvre.

Mais, au moment de l'entreprendre, il voulut s'aider de l'expérience d'un autre. Il comprenait que les bonnes in-

(1) Ancien ingénieur des ponts et chaussées et répétiteur à l'école polytechnique, puis directeur au séminaire de Saint-Sulpice, et fondateur de la petite communauté des clercs de la paroisse Saint-Sulpice et de la chapelle du roi, mort le 23 août 1818.

tentions seules ne suffisent pas; que le zèle de la jeunesse peut s'égarer et trouver un écueil dans la vivacité même de l'âge, s'il n'est dirigé par la sagesse; aussi eut-il recours aux lumières de M. l'abbé Legris-Duval, si connu par sa charité et sa prudence, et par son éloquence douce et persuasive. Ce vertueux ecclésiastique, qui avait apprécié l'abbé Arnoux, l'aida constamment de ses conseils.

Ce fut le dimanche 30 juin 1816 qu'il se rendit, pour la première fois, à la prison de Sainte-Pélagie; il y retourna le jeudi d'après, accompagné de M. Bordier; et, le dimanche suivant, il s'y trouva avec M. Fougeroux, de charitable mémoire (1). A mesure que l'œuvre des prisons prit de l'extension, l'abbé Arnoux eut besoin d'être aidé, et il trouva tout naturellement d'utiles collaborateurs dans la société charitable établie pour la délivrance des prisonniers pour dettes et dans la société des bonnes œuvres, dirigée par l'abbé Legris-Duval.

En entrant à Sainte-Pélagie, M. Arnoux s'était concerté avec l'aumônier et le concierge de cette prison; il avait été convenu que le catéchisme serait fait aux enfants le dimanche et le jeudi, et il le commença le jour même; ce catéchisme fut continué ainsi, sans interruption, par l'abbé Arnoux et ses collaborateurs, ou par des ecclésiastiques de ses amis lorsqu'il était absent, surtout au temps des vacances. On visitait encore les enfants dans la semaine pour s'assurer de leur conduite. Dès le premier moment, le zélé catéchiste put s'apercevoir de leur ignorance profonde des premiers principes de la religion. Ils ne faisaient aucune

(1) Voyez, sur cet homme respectable, l'intéressante notice par M. Gossin, ancien magistrat, fondateur de la Société charitable de Saint-Régis pour le mariage civil et religieux des pauvres vivant dans le désordre, et la légitimation de leurs enfants naturels.

prière, et plusieurs même n'avaient pas été baptisés. Tout était donc à faire pour leur instruction religieuse, tout était à faire aussi pour leur amélioration morale; mais, afin que l'on puisse bien comprendre dans quelle situation déplorable étaient alors les jeunes prisonniers et tout ce que l'on doit à M. l'abbé Arnoux pour l'amélioration des prisons en général, il faut rappeler dans quel état elles étaient alors.

Outre le dépôt de la préfecture, la prison de la Force, destinée aux prévenus, et celle de la Conciergerie, où ils ne séjournaient que pendant leur procès, les condamnés qui n'allaient point aux galères étaient répartis dans deux maisons principales, Bicêtre et Sainte-Pélagie, selon qu'ils étaient condamnés à la réclusion ou à la détention. Sainte-Pélagie, outre les détenus qui y demeuraient, était encore destinée aux prisonniers pour dettes et aux enfants de la correction paternelle, placés dans des corridors à part. Ceux des enfants qui étaient condamnés à être mis seulement dans une maison de correction pendant un temps plus ou moins long, comme ayant agi sans discernement, étaient aussi renfermés dans cette prison, puisqu'il n'existait point encore de maison spéciale de correction. Quelques-uns, arrêtés ainsi à l'âge de huit ou dix ans et condamnés à y demeurer souvent jusqu'à l'âge de dix-huit et vingt ans, se trouvaient, par cela même, dans une position plus malheureuse que ceux de leurs camarades qui, ayant agi avec discernement, n'étaient condamnés quelquefois qu'à quelques mois de détention. Ainsi, quoiqu'il y eût une distinction de pénalité dans la loi, il n'y en avait point encore dans son exécution, faute de local approprié. Tout cela existait en théorie et était nul dans la pratique.

Dans l'intérieur de la prison, si l'on excepte les prisonniers pour dettes et les enfants de la correction paternelle placés, comme on l'a dit, dans des portions de bâtiments à part, tous les détenus, quel que fût leur âge, étaient confondus dans les ateliers, les cours, l'infirmerie. Seulement les enfants étaient enfermés, pendant la nuit, dans des chambres séparées; mais ces chambres, privées de surveillants, ne contenaient que quatre ou six lits pour huit ou dix. Ces infortunés couchaient donc deux dans un lit, quelles que fussent leurs infirmités (1).

On conçoit tout ce qu'un pareil état de choses pouvait avoir de funeste, surtout pour des enfants qui, placés ainsi, quelquefois au nombre de plus de cent, au milieu de toutes les sources de corruption et de vice, ne recevaient que des conseils pervers de la part de tous leurs compagnons de captivité, qui devenaient pour eux comme des professeurs de crimes, n'entendaient que des conversations infâmes, n'avaient devant eux que des exemples d'immoralité et de débauche; aussi la plupart sortaient-ils de la prison plus mauvais qu'ils n'y étaient entrés, pour y revenir, au bout de quelque temps, plus criminels encore, et, selon les expressions mêmes de l'abbé Arnoux dans le discours qu'il prononça à l'ouverture de la maison de refuge, « ces infor-
« tunés parcouraient progressivement toute la filière du
« crime, et ne s'arrêtaient souvent que frappés de la hache
« du bourreau. »

Il était bien urgent de prendre des mesures promptes pour mettre un terme à une situation aussi effrayante, même pour l'avenir de la société tout entière. Il était nécessaire, si l'on voulait améliorer les prisons, de partager les détenus en différentes catégories, mais surtout de séparer immédiatement les enfants des grands prisonniers;

(1) Plusieurs étaient scrofuleux ou affectés de dartres, etc.; presque tous avaient la gale, et, lorsqu'ils avaient été traités à l'infirmerie, ils ne tardaient pas à être infectés de nouveau par suite du contact avec leurs camarades.

c'est aussi par cette mesure que commença M. Arnoux, et il obtint du préfet de police que ces enfants, en attendant qu'on pût les placer dans une prison spéciale, fussent séquestrés dans un corridor à part, afin de les isoler des autres autant que la petitesse et la mauvaise distribution du local pourraient le permettre. Ils prirent leur récréation dans une cour particulière et à des heures où il n'y avait personne. On s'occupa de leur procurer de l'ouvrage; une classe fut établie dans leur corridor, et un surveillant spécial, payé en partie par les personnes charitables qui étaient venues s'associer à l'abbé Arnoux, fut placé auprès d'eux. Les frais de la classe étaient payés par la société des prisonniers pour dettes.

Mais une œuvre de ce genre ne pouvait manquer de rencontrer bien des entraves; M. Arnoux en trouva et de la part des grands prisonniers, qui, voyant avec rage que leur proie leur était enlevée, cherchaient à profiter de toutes les occasions qui pouvaient se présenter d'établir des communications nouvelles avec les plus jeunes, et de la part de ceux-ci, dont plusieurs, regrettant leur première indépendance et les ateliers où ils exerçaient un état, et gagnaient un argent qui servait pour eux d'aliment à la débauche et à un jeu effréné, faisaient tous leurs efforts pour se faire chasser du corridor où on les avait mis et se faire réintégrer parmi les grands prisonniers, leurs anciens précepteurs de vices; et de la part, enfin, d'un certain nombre d'employés subalternes, qui voyaient avec peine arriver, dans la prison, des étrangers indépendants, lesquels pouvaient apercevoir et signaler des abus dans l'intérieur de la maison; mais l'abbé Arnoux, fort de l'appui du préfet, qui jamais ne lui manqua, et soutenu surtout par son zèle actif et sa charité, vint à bout de surmonter tous les obstacles.

Un écueil d'un autre genre devait encore se rencontrer sur la route de M. Arnoux dans l'œuvre de la régénération morale des jeunes condamnés, et cet obstacle il devait faire des efforts pour en triompher aussi. De grands dangers existaient pour ces enfants au moment où ils étaient rendus à la société à leur sortie de la prison. Sans état, ils retrouvaient dans le monde toutes les sources de leurs premières fautes, augmentées encore par de nouvelles causes de désordre. Exposés au vagabondage, à la tentation de la misère, souvent aux suggestions de leurs anciens complices ou des criminels qu'ils avaient connus dans les lieux destinés à leur faire expier leurs fautes, trouvant même quelquefois, dans les exemples et les conseils de leur famille, des occasions de chute, il était à craindre qu'ils ne reprissent leurs anciennes et criminelles habitudes ; aussi la magistrature était-elle souvent affligée par le triste spectacle de récidives dans un âge qui ne devrait être que celui de la candeur et de l'innocence. Ces considérations, le désir de procurer à ces enfants un état lucratif qui fût comme un obstacle à leur retour vers le vice, le besoin de les fortifier encore pendant longtemps par les instructions et les secours de la religion, et de s'assurer davantage de leur persévérance dans le bien, firent naître l'idée de les placer dans un établissement qui serait pour eux comme un intermédiaire entre la prison et le monde, et qui deviendrait, pour les plus dociles, un point d'émulation par la perspective qu'il leur présenterait d'y être admis en récompense de leur bonne conduite.

Aussitôt qu'un projet utile avait été conçu, M. Arnoux se mettait de suite à l'œuvre pour en hâter l'exécution ; il ne tarda pas à réaliser celui-ci, et il trouva encore dans le salon du chancelier tous les éléments dont il avait besoin pour le faire réussir. Il en parla ; il fut encouragé, aidé et soutenu dans cette entreprise par plusieurs personnes bienfaisantes, entre autres par Mme la baronne Pasquier, femme charitable qui se trouvait mêlée à toutes les bonnes œuvres de cette époque, et qui prit à celle-ci un grand intérêt. Elle quêta, avec Mme la marquise de Rougé, à la première assemblée de charité qui eut lieu dans l'église Saint-Sulpice en faveur de la maison de refuge ; Mme la vicomtesse Dambray avait fait la quête à l'ouverture de cet établissement, et elle quêta encore plusieurs fois pour la maison ; elle lui donna des preuves d'un constant intérêt.

Mais l'abbé Arnoux trouva surtout un puissant secours et un constant appui dans M. Bellart, procureur général près la cour royale de Paris. Ce magistrat, qui plus que personne était en position de connaître les plaies de la société, et à qui M. Arnoux avait communiqué ses projets, fut vivement frappé de tout le bien que pourrait produire l'établissement d'une maison de refuge pour les jeunes condamnés (1) ; il en parla avec chaleur aux princes et à plusieurs personnes, entre autres au préfet du département ; il usa de l'influence que lui donnaient sa place et le titre de président du conseil général ; il contribua puissamment à faire obtenir une maison et divers objets de première nécessité pour cet établissement ; il obtint des souscriptions et se mit lui-même à la tête des souscripteurs.

M. le comte de Chabrol, alors préfet du département de la

(1) Dans des notes relatives à cet objet, M. Arnoux demandait seulement, pour commencer, que le département fournît une maison et quinze ou vingt lits.

Dans d'autres notes, il était dit que ceux qui voudraient contribuer à cette œuvre intéressante pourraient adresser leurs souscriptions à un certain nombre de personnes dont on donnait les noms, et parmi lesquelles se trouvaient M. l'abbé Arnoux, M. Fougeroux, dont il a déjà été parlé, et M. Emmery, substitut du procureur du roi, mort le 22 août 1818.

Seine, montra aussi pour M. Arnoux et pour son œuvre une extrême bienveillance. Il fit constamment pour elle tout ce qui dépendait de lui, et même, depuis la mort de ce vertueux ecclésiastique, il voulut donner une marque de l'affection qu'il lui portait en accordant une dépense pour le refuge, par ce motif surtout que M. Arnoux lui en avait adressé la demande, et que c'était une dernière occasion de prouver l'estime singulière qu'il faisait de son zèle et de sa vertu.

La maison de refuge fut donc placée dans une portion des bâtiments de l'ancien couvent des dominicains de la rue Saint-Jacques, mis à la disposition de M. l'abbé Arnoux, par suite d'une décision du ministre de l'intérieur en date du 1er février 1817 et d'un arrêté du préfet du département de la Seine en date du 27 du même mois (1). Dix enfants y furent amenés pour l'ouverture, qui eut lieu le mardi de Pâques (8 avril) de la même année 1817, en présence du garde des sceaux (2), des préfets de la Seine et de police (3), des premiers présidents et procureurs généraux de la cour de cassation et de la cour royale (4), du procureur du roi (5), de plusieurs autres magistrats et personnes de distinction. Une messe fut dite dans la chapelle intérieure de l'établissement par M. de Clermont-Tonnerre, ancien évêque de Châlons-sur-Marne (6), et le discours fut prononcé par M. l'abbé Arnoux, sur la nécessité, l'utilité, le but et l'objet du nouvel établissement (7).

(1) Cette maison (le premier couvent de dominicains qui ait été fondé à Paris) avait été habitée par saint Thomas d'Aquin ; on y conservait autrefois l'un de ses bras et la chaire dans laquelle il avait enseigné.

(2) M. Pasquier.

(3) MM. de Chabrol et Anglès.

(4) MM. de Sèze, Seguier, Mourre et Bellart.

(5) M. Jacquinot-Pampelune.

(6) Ce prélat est mort archevêque de Toulouse et cardinal.

(7) Voyez l'*Ami de la religion*, t. II, nº 279.

On avait désiré que ce discours fût fait par M. l'abbé Legris-Duval; mais ce vénérable ecclésiastique pensa qu'il était convenable, en cette circonstance, que le fondateur de l'œuvre, si connu des autorités, adressât lui-même la parole à l'assemblée. Pour marquer l'intérêt qu'il portait à cette œuvre, dont il avait déjà parlé à diverses personnes, il vint à la chapelle le jour de Pâques de l'année suivante, et, en présence du chancelier (1) et d'un auditoire nombreux et choisi, il fit, avec le tact qui le distinguait, un discours improvisé, admirable d'à-propos, de mesure et de sentiment des convenances, où, sans offenser les enfants, il leur rappela ce qu'ils avaient été et leur dit ce qu'ils étaient maintenant, et ce qu'ils pouvaient devenir. Il termina par faire un touchant appel à la charité de l'auditoire en faveur de cette œuvre (2).

Mais il ne suffisait pas d'obtenir une maison, il fallait encore organiser l'établissement et le constituer sur des bases solides capables d'en assurer l'existence et la durée. Un conseil d'administration fut institué, composé en partie de magistrats (3), dont les membres se partagèrent le travail et les diverses fonctions, qui étaient gratuites, et s'occupèrent des affaires et des rapports tant extérieurs qu'intérieurs

(1) M. Dambray.

(2) Voyez, relativement à l'œuvre des prisons et à la maison de refuge fondée par M. l'abbé Arnoux, la notice historique pleine d'intérêt sur M. l'abbé Legris-Duval, par M. le cardinal de Bausset.

(3) Pour ne citer ici que ceux qui n'existent plus, MM. Delaporte-Lalanne, conseiller d'État; Borel de Bretizel et Moreaux, conseillers à la cour de cassation; Bellart et Jacquinot-Pampelune, procureurs généraux; Fougeroux, chef de bureau au ministère des finances; Willart, sous-chef à l'administration des postes; de Ponton-d'Amécourt, propriétaire; Gossin, conseiller à la cour royale; Dubois-Bergeron, ancien négociant, et Amédée Dosmond, avocat, ont fait successivement partie de ce conseil d'administration soit pendant la vie, soit après la mort de M. Arnoux : MM. l'abbé Carron et l'abbé Desanlis en ont été membres aussi.

de la maison. La surveillance en fut confiée aux frères des écoles chrétiennes, et ces modestes instituteurs de l'enfance vinrent avec zèle s'associer à cette œuvre. On avait compté sur leur charité, et les espérances à cet égard ne pouvaient être trompées ; depuis longtemps ils avaient fait leurs preuves. Ils vinrent ajouter ce nouveau service à tous ceux qu'ils rendaient déjà à la société.

Un règlement général fut dressé sur l'organisation de la société, le mode d'admission des enfants dans la maison et celui de leur sortie, enfin sur les bases principales de l'établissement ; et un règlement intérieur fut établi pour l'ordre des exercices et des travaux, la police et la discipline de la maison. Ce règlement intérieur fut rédigé de concert avec le frère Gerbaud, supérieur général des frères, et les articles en furent discutés en présence de M. l'abbé Legris-Duval et de M. Dubourg, alors évêque de la Louisiane, mort depuis archevêque de Besançon (1).

Les choses ainsi organisées, lorsqu'un enfant visité et instruit par les membres de la Société s'était fait remarquer dans la prison par sa bonne conduite, ou au moins annonçait des dispositions ou des efforts vers une amélioration, son admission était proposée au conseil ; un rapport était fait par l'un des membres, et d'après des renseignements exacts pris sur les causes de la condamnation de l'enfant proposé à l'admission et sur les circonstances antérieures de sa vie, sur l'état et la conduite de ses parents, et sur les moyens d'existence qu'ils pouvaient avoir; on y joignait les renseignements fournis par l'un des membres du conseil qui avait acquis une connaissance personnelle de la con-

(1) Ce prélat, en 1826, étant évêque de Montauban, revint dans l'établissement donner la confirmation, et adressa aux enfants une allocution instructive et touchante, telle qu'on pouvait l'attendre de la part d'un homme de ce mérite.

duite de cet enfant, des notes recueillies sur son compte et de la manière dont il avait profité des instructions particulières qui étaient faites dans la prison, et le conseil, à la majorité des voix, prononçait ou refusait l'admission de l'enfant. La Société devait admettre de préférence ceux qui n'étaient point réclamés par des parents honnêtes et aisés qui pussent donner des moyens d'existence à leurs enfants; ceux qui pouvaient être exposés, par des circonstances particulières, à retomber dans l'état de vagabondage ou de mauvaises habitudes; enfin, dans le cas de concurrence, on devait admettre aussi de préférence les enfants les plus jeunes et ceux qui, au-dessous de l'âge de seize ans, avaient été condamnés seulement à être renfermés dans une maison de correction, comme ayant agi sans discernement.

Lorsqu'un enfant condamné et détenu pendant un temps limité dans une des prisons du département de la Seine, et dont l'admission dans la maison de refuge avait été décidée par le conseil d'administration, lorsque cet enfant, disons-nous, avait atteint le terme de la durée de sa peine, il était reçu dans l'établissement à sa sortie de la prison; mais, s'il n'était point encore arrivé au terme de sa détention, il était admis dans la maison en vertu d'une autorisation du garde des sceaux, sollicitée et obtenue par le conseil, à la charge, par cet enfant, de passer dans la maison de refuge le temps que devait encore durer son emprisonnement, et sous la condition d'être réintégré dans une maison de correction, si sa conduite cessait de répondre aux espérances qu'on en avait conçues.

Enfin, pour éviter toutes les difficultés qui pouvaient survenir pendant le séjour de l'enfant à la maison de refuge et à l'expiration du temps fixé par le jugement pour la durée de sa peine, l'expérience avait appris qu'il était nécessaire de faire signer aux parents du jeune détenu, au moment de son entrée dans l'établissement, un acte par lequel ils s'engageaient à laisser leur fils à la maison de refuge, après l'expiration de son jugement, pendant tout le temps qui serait jugé nécessaire par l'administration de cet établissement pour terminer l'apprentissage de l'état auquel on aurait trouvé convenable de l'appliquer.

Une fois entrés dans la maison, les enfants avaient un habit uniforme donné par l'administration ; ils avaient des heures réglées pour les classes, pour les travaux dans les ateliers, pour les récréations, pour les repas pris dans un réfectoire commun et pendant lesquels une lecture était faite, enfin pour le sommeil. Ils couchaient dans des cellules séparées. Ils étaient, nuit et jour, sous la surveillance continuelle des frères. Ces vertueux maîtres, spécialement chargés de l'éducation, de l'instruction morale et de la conduite des enfants, tenaient note de leurs progrès et de leurs fautes; ils leur enseignaient le catéchisme, la lecture, l'écriture et le calcul. On donnait aussi des leçons de dessin linéaire à ceux à qui cela pouvait être utile. Enfin, les dimanches, une instruction leur était faite par l'aumônier de la maison.

Aux heures des travaux, les élèves étaient répartis dans divers ateliers pour y apprendre un état (1). Ces ateliers étaient dirigés par des maîtres d'une moralité reconnue, conformément aux conventions ou marchés passés entre eux et le conseil d'administration, actes d'après lesquels le conseil leur confiait les enfants pour faire leur apprentissage, et d'après lesquels aussi ces maitres s'engageaient à

(1) On a successivement établi dans la maison de refuge des ateliers de tailleurs, cordonniers, bonnetiers, menuisiers en bâtiments, ferblantiers, peintres et vernisseurs sur métaux, fabricants de gros meubles, facteurs de pianos, menuisiers en cadres, ébénistes, ciseleurs et monteurs en bronze.

leur apprendre un état, leur fournir l'ouvrage, les outils et les matières premières, et s'engageaient, en outre, à payer à chacun d'eux une prime d'encouragement qui augmentait en proportion de leurs progrès, et dont la quotité était réglée d'après les conventions faites entre ces maîtres et l'administration. Plus tard, ce mode fut changé. Par suite d'une délibération subséquente, des sommes fixes destinées aux apprentis devaient être versées, tous les mois, par les maîtres d'apprentissage, entre les mains du trésorier. Il en était fait une masse distincte pour chaque atelier, et la répartition était faite entre les apprentis de cet atelier en proportion de leur travail et de leur application, d'après les notes fournies par le maître et par les frères.

Conformément au règlement, le produit du travail des enfants était divisé de la manière suivante : un tiers en deniers de poche dont l'emploi était surveillé, un tiers pour subvenir aux dépenses du petit entretien ; le troisième tiers était mis en réserve et formait une masse destinée, à leur sortie de la maison, à faciliter leur placement chez des maîtres où ils fussent à l'abri du besoin. On établissait pour chaque enfant un livret sur lequel étaient inscrites les sommes qui lui étaient allouées, et sur lequel il apposait son reçu à sa sortie de la maison, lorsque, après avoir réglé son compte, on lui donnait l'argent qui devait lui revenir : à la somme que l'enfant avait gagnée dans la maison était jointe celle qui formait le décompte qu'il avait apporté par suite du travail fait antérieurement dans la prison.

Pour exciter encore plus le zèle et l'émulation des enfants, M. Bellart, procureur général, annonça au conseil, en février 1819, qu'il destinait, tous les mois, à chaque atelier, une somme de 5 francs pour être donnée en récompense à celui qui, dans cet atelier, se serait fait remarquer par sa bonne conduite, son application et ses progrès. Cette bonne œuvre fut continuée par M. Jacquinot-Pampelune, son successeur.

Enfin, pour que rien ne manquât aux encouragements donnés à ces enfants, tous les ans des récompenses étaient distribuées à ceux qui s'étaient distingués par leur bonne conduite, leurs progrès et leur travail. Ces récompenses consistaient en outils, vêtements et autres objets qui pouvaient leur être utiles à leur sortie de la maison. Le préfet de police consentit à en faire les frais, et, sur l'invitation de M. Arnoux, vint plusieurs fois faire lui-même cette distribution. A cette occasion, on exposait des échantillons du travail des enfants.

Lorsque l'un de ces enfants avait ainsi passé un temps plus ou moins long dans la maison de refuge, qu'il avait donné des preuves de son retour à une bonne conduite, à l'amour de l'ordre et du travail, et qu'il avait, d'ailleurs, appris un état suffisant pour lui procurer des moyens d'existence, on proposait sa sortie au conseil, qui statuait sur cette proposition et prenait les mesures convenables pour remettre l'enfant à ses parents, ou le placer dans une manufacture, ou chez d'honnêtes artisans. Si l'enfant n'avait pas encore atteint le terme fixé par l'arrêt de sa condamnation pour son séjour dans une prison, on sollicitait en sa faveur une grâce complète, et le roi accordait la mise en liberté définitive de cet enfant.

Au moment où un enfant sortait de la maison, on lui nommait un protecteur choisi parmi les membres du conseil et chargé de s'informer de sa conduite, et, si ce jeune homme continuait à justifier les espérances qu'on en avait conçues, en présentant les certificats des maîtres chez lesquels il avait travaillé, sur le rapport de son protecteur, il lui était accordé, au bout de chaque année, et cela pendant cinq ans, une récompense de vingt francs.

Telle fut l'œuvre de la maison de refuge d'où sont sortis 240 jeunes gens, et dans laquelle ont demeuré souvent à la fois de 50 à 60 enfants. Un plus grand nombre y eût été admis encore, à mesure que l'on aurait eu des fonds suffisants.

Mais, pour donner une idée complète de cette œuvre, il faut aussi parler des ressources de l'établissement. Or la maison de refuge était presque entièrement soutenue par la charité publique. Des souscriptions volontaires, des quêtes faisaient une grande partie de ses revenus, comme on le verra plus loin.

Dans les commencements, le garde des sceaux avait fait, sur les fonds du sceau, un don annuel de 300 francs; mais ce secours avait été momentané.

Dans l'origine aussi, le préfet de police avait accordé, par année, une somme de 1,200 francs, ce qui fut continué ainsi pendant quelque temps. Plus tard, en 1820, ce magistrat avait donné une nouvelle marque d'intérêt à l'établissement en assurant le versement, entre les mains du trésorier, d'une somme de 35 centimes par jour et par tête d'enfants admis dans la maison jusqu'à l'expiration du temps de la condamnation de chacun d'eux; ensuite, et dans la même année, cette somme ou indemnité de nourriture fut portée par le conseil des prisons à celle de 40 centimes par jour pour chaque enfant admis dans la maison qui, par le fait de sa condamnation, se trouverait à la charge des prisons; mais cette indemnité de nourriture cessait, comme on le voit, au moment où les enfants avaient terminé leur temps de prison, quoique souvent ils restassent encore dans la maison, et elle n'était jamais donnée pour ceux qui y arrivaient à l'expiration de leur peine.

On avait obtenu du ministre de l'intérieur 300 francs par mois, ce qui faisait 3,600 francs par année.

En 1818, le conseil général du département de la Seine accorda à la maison une somme de 4,000 francs. Cette faveur fut continuée ainsi tous les ans. En 1829, une augmentation de 2,000 francs fut votée et l'allocation portée ainsi annuellement à 6,000 francs.

Ces sommes, jointes aux fonds très-minimes provenant du loyer de quelques échoppes (1) dépendant de la maison et qui furent supprimées en 1829, formaient à peu près les recettes fixes de l'établissement.

Mais cette maison trouva encore d'autres ressources dans la charité publique et dans l'intérêt général qu'elle inspira. Le roi, les princes et les princesses lui donnèrent des marques de leur bienveillance; des dons, des abonnements, des souscriptions volontaires lui vinrent de la part de personnes charitables, ainsi qu'on l'a déjà indiqué (2). Elle fut particulièrement l'objet des sympathies de ceux qui, par devoir et par état, avaient des rapports avec la justice. On vit des magistrats, après avoir visité l'établissement, faire une collecte entre eux et en envoyer le résultat, ou faire remise, en faveur de la maison, de certains droits qui leur revenaient; d'autres quêtaient dans leurs salons et cherchaient, par tous les moyens, à stimuler la bienfaisance, étant les premiers à donner l'exemple.

L'un deux, M. Moreau, qui fut plus tard administrateur du refuge et qui est mort conseiller à la cour de cassation, avait composé, étant conseiller à la cour royale, et fait imprimer un manuel des jurés, dont il destina le prix à la maison de refuge. Cet ouvrage fut imprimé plusieurs fois avec la même destination, et encore lorsque ce magistrat

(1) Le loyer de ces échoppes était porté, en 1828, à 348 fr.

(2) MM. Agasse et Chapellier, notaires, avaient bien voulu se charger de recevoir les offrandes.

était président du tribunal de première instance, et une notice relative à l'établissement y fut ajoutée.

En **1818**, les jurés, à qui MM. Vanin, mort conseiller à la cour royale, et Agasse, notaire, avaient fait partager leur intérêt pour la maison de refuge, avaient procédé entre eux à une quête qui s'était élevée à **360** francs, et comme pour faire un appel à la charité de leurs successeurs et leur inspirer le même zèle, ils avaient dressé et affiché, dans la salle des délibérations, un procès-verbal de cette pieuse collecte qui avait terminé les opérations de la session. Leurs successeurs imitèrent un si touchant exemple. Ces offrandes devinrent, jusqu'à la fin, l'un des revenus de la maison, et la salle des délibérations du jury se trouva ainsi tapissée des preuves permanentes de cette pieuse libéralité et devint comme un monument de la charité publique.

Enfin la maison de refuge trouvait une de ses principales ressources dans l'assemblée de charité qui avait lieu tous les ans et dans la quête qui était faite à cette occasion; ainsi la religion, qui avait fait naître la pensée de cette œuvre, donnait encore les moyens de la soutenir.

Le premier prédicateur qui lui prêta le secours de sa parole fut M. de Boulogne, évêque de Troyes. Cet éloquent orateur prêcha son sermon sur la charité; il le termina par une péroraison relative à l'objet de la réunion, péroraison qu'il communiqua ensuite et qu'on lira, sans doute, avec plaisir (1).

(1) Et quel moment plus propice, a dit l'orateur, pour faire triompher la charité chrétienne! quelle institution plus digne d'exciter votre intérêt et votre zèle, que ce Refuge d'un genre tout nouveau, où de déplorables enfants, dominés par l'instinct du vice, savants dans l'art d'une perversité précoce, et flétris par les lois dans un âge où les lois peuvent à

La seconde assemblée de charité eut pour prédicateur M. Frayssinous. Cet illustre orateur, dont le nom sera toujours cher à ceux qui ont eu le bonheur de le connaître et de l'entendre, donna en cette circonstance, et pour la première fois, son discours sur l'éducation.

Une circonstance singulière marqua la troisième as-

peine les atteindre, sont ramenés, à force d'instructions et de soins, au travail et à la vertu, et disposés à servir un jour utilement, peut être, cette même patrie dont ils auraient été les fléaux et l'opprobre : institution sublime qui avait échappé jusqu'ici à l'industrie du zèle, qui n'a pu être inspirée que par le génie du bien, et qui eût honoré Vincent de Paul lui-même ! Louange donc et mille fois honneur à ceux qui l'ont conçue et à ceux qui la protégent. Bénis soient tous ces chefs vénérés de la magistrature qui, impassibles comme la loi, mais bons et indulgents comme la vertu, et honorant le sacerdoce de la justice par celui de la charité, versent sur cette maison sainte les dons de leur munificence. Bénis soient ces pieux et modestes instituteurs qui, par un art divin qui n'appartient qu'à leurs écoles, sont parvenus à transformer en enfants de la sagesse ces apprentis infortunés de la corruption et du vice. Bénis soient ces jeunes associés qui, dans l'âge des passions même, ne connaissant qu'une passion, celle des bonnes œuvres, ont fait de celle-ci l'objet privilégié de leur sollicitude. Providence éternelle, je vous rends grâces ! Ainsi tandis que, d'une part, nous voyons l'humanité se dégrader et, descendant au-dessous d'elle-même par des crimes sans nom, nous menacer d'un déluge nouveau où la France s'engloutira peut-être une seconde fois, de l'autre nous la voyons vengée et honorée par les plus éclatants exemples, et par ces nobles dévouements qui portent en nos cœurs la douce conviction que tout n'est pas désespéré pour nous, puisqu'il y a tant encore de belles âmes sur la terre. Et vous, chrétiens, ne voudriez-vous donc pas participer à une œuvre aussi sainte ? Sera-t-il vrai que vous sortirez de ce témple sans avoir acquitté la dette sacrée de la religion, de l'humanité et de la justice ? Quelle plus douce jouissance ! quelle aumône plus méritoire, plus agréable aux yeux de l'Éternel, plus faite pour monter jusqu'à son trône et obtenir de lui qu'après avoir été vous-mêmes les protecteurs de ces trop malheureux enfants, il devienne le père des vôtres ; qu'il protége leur innocence, qu'il les couvre de son bouclier, et qu'élevés à l'ombre de ses ailes ils fassent votre joie et votre consolation sur cette terre de misères, en attendant que vous soyez un jour couronnés à leur tête, dans le royaume des élus, des mains de la Charité même.

semblée de charité et lui donna un caractère particulier. Quelques jours auparavant, un événement déplorable avait plongé la France dans la stupeur et dans le deuil (1). On pouvait croire que cette cruelle catastrophe nuirait à la quête, malgré le talent bien connu de l'orateur, M. l'abbé de Maccarthy. Ce grand prédicateur, dans un superbe discours sur l'œuvre, se servit avec talent de la position même où l'on se trouvait pour exciter la charité de l'auditoire, et la quête fut encore plus abondante que celles qui avaient précédé. Le lendemain du sermon et quelques jours après, M. de Maccarthy reçut un supplément de quête qu'il adressa à l'abbé Arnoux avec des lettres que l'on croit devoir insérer ici, et qui, sûrement, seront lues avec intérêt.

A Paris, ce mercredi matin 1er mars 1820.

« Monsieur l'Abbé,

« Je m'empresse de vous faire passer le nouveau secours que je viens de recevoir pour vos enfants. Il est juste que vous sachiez, et il seroit peut-être bon que le public apprît, comment il m'est parvenu. Il seroit touché, comme vous et moi, d'un trait de la générosité la plus noble, la plus délicate et la plus véritablement chrétienne. J'ai reçu, il y a une heure, la visite d'un monsieur que je n'avois jamais vu, et qui, sans vouloir se faire connoître, m'a présenté une lettre cachetée, en me disant qu'il ne pouvoit s'arrêter un seul instant, et qu'il avoit rempli tout son objet en me remettant cette lettre en mains propres. Je l'ai ouverte le moment d'après, lorsqu'il avoit déjà disparu, et voici ce que j'y ai lu :

« Monsieur, je vous prie de vouloir bien remettre à

(1) L'assassinat de M. le duc de Berry.

« l'administration du refuge le billet ci-joint de mille « francs. C'est le fruit du discours que vous avez prononcé « lundi; il est bien juste que vous en soyez le dépositaire. « Permettez que je me recommande à vos prières. »

« Ce peu de mots n'étoit suivi d'aucune signature. Je n'ai pas besoin de vous dire, monsieur l'abbé, quel a été et quel est encore mon attendrissement, à un trait si digne d'un siècle meilleur que le nôtre. Je ne serai pas seul à offrir des prières au ciel pour ce respectable inconnu; les vôtres et celles de vos pauvres enfants lui sont acquises, comme les miennes, pour la vie. Son aumône, si bien cachée par la main droite à la main gauche, priera encore plus efficacement pour lui.

« Je suis, avec les sentiments les plus vrais d'estime et d'attachement, monsieur l'abbé,

« Votre très-humble et très-obéissant serviteur,

« L'abbé de Maccarthy. »

« J'envoie modestement à monsieur l'abbé Arnoux une pièce de 5 fr. qui m'a encore été remise pour le refuge. Si le don du riche est accepté avec reconnoissance, il ne faut pas que celui du pauvre soit dédaigné.

« Je ne sais si Mons. l'Ab. Arnoux a fait insérer dans quelque journal le récit de la visite que j'ai reçue mercredi matin; mais il m'auroit semblé utile de faire connoître un pareil trait au public afin d'encourager les imitateurs. .

. . . .

« Je lui offre l'assurance de tous mes sentimens sincères et affectueux, et me recommande à ses prières et à celles de ses chers enfants.

« Maccarthy. »

Ce 5 mars 1820.

Ces réunions de charité, commencées sous d'aussi heureux auspices, furent continuées ainsi, toutes les années, après la mort de l'abbé Arnoux. Il ne sera pas sans intérêt de consigner ici le nom des orateurs qui ont bien voulu successivement consacrer à cette bonne œuvre leur zèle et leurs talents (1).

D'après le règlement de la maison de refuge, l'un des membres du conseil d'administration, nommé spécialement à cet effet, et sous le titre d'administrateur en exercice, était chargé de l'administration intérieure, devait faire souvent la visite de l'établissement et veiller à la stricte exécution de tous les règlements de discipline, d'ordre et de salubrité. Il devait prendre connaissance de toutes les notes recueillies sur la conduite de chaque enfant, faire son rapport au conseil d'administration, et lui proposer les mesures qu'il jugerait convenable de prendre. Il était chargé de faire exécuter les décisions prises par le conseil. Lui seul devait donner les ordres à cet effet; il devait même, dans le cas où une mesure prompte et indispensable de-

(1) M. de Boulogne (à Saint-Sulpice, 27 décembre 1817);
M. Frayssinous (à Saint-Sulpice, 23 décembre 1818);
M. de Maccarthy (à Saint-Sulpice, 28 février 1820);
M. Cailleau (à Saint-Sulpice, 15 janvier 1822);
M. Fayet, depuis évêque d'Orléans (à Saint-Sulpice, 8 février 1823);
M. de Salinis, depuis évêque d'Amiens, maintenant archevêque d'Auch (à Saint-Sulpice, 1824);
M. Borderies, alors vicaire général de Paris (à l'église de la maison de refuge, 29 décembre 1824);
M. Cotteret, alors évêque de Cariste, mort évêque de Beauvais (à l'église de la maison de refuge, 27 décembre 1825);
M. de Cheverus, archevêque de Bordeaux, mort cardinal (à Saint-Sulpice, 9 avril 1828);
M. de Cheverus (à Saint-Sulpice, 9 mars 1829);
M. de Farges (à Saint-Sulpice, 3 mars 1830);
M. Landrieux, curé de Sainte-Valère (à l'église de la maison de refuge, 4 avril 1831).

venait nécessaire, prendre seul une décision d'urgence, sauf à en rendre compte et à la faire ratifier par le conseil. Enfin cet administrateur était le représentant continuel et permanent du conseil d'administration. M. Arnoux fut choisi pour remplir ces fonctions. Il était bien juste que le fondateur de l'œuvre, et qui en était comme l'âme, reçût cette preuve de la confiance et de l'estime de ses collègues.

Dans l'exercice de ses fonctions, il s'occupa constamment de tout ce qui pouvait développer l'établissement et en accroître la prospérité et les ressources. Il s'attacha à inspirer de l'intérêt pour la maison et pour les enfants qui y étaient admis ou qui en sortaient; tous ressentirent les effets de sa sollicitude et de ses soins. Aussi cette œuvre devint l'objet d'un intérêt presque général; on a vu des personnes de tous les rangs lui en donner des preuves. Des pontifes venaient, par leur présence et leurs paroles, y apposer comme le sceau de leur approbation. L'un d'eux, M. de Beauregard, qui fut depuis évêque d'Orléans et qui était alors évêque nommé de Montauban, vint tout exprès du séminaire d'Issy, le jour de la première communion des enfants, en **1818**, et leur adressa avec zèle, à l'office du soir, une instruction vraiment apostolique.

M. de Lalande, ancien curé de Saint-Thomas-d'Aquin, et alors évêque de Rodez, avait officié à la cérémonie du matin, et le lendemain le sacrement de confirmation fut donné par M. l'évêque de Châlons, qui, l'année précédente, avait béni la chapelle le jour de l'ouverture de la maison.

Enfin, l'impulsion étant donnée, on voulut suivre cet exemple ; en d'autres lieux, on désira fonder des établissements semblables. En France et dans les pays étrangers, on sollicita des renseignements sur cette œuvre, et même un conseiller de l'empire russe, qui voyageait pour visiter les divers établissements de bienfaisance, demanda et obtint une copie des règlements de la maison.

M. Arnoux jouissait de tout ce bien qui l'attachait toujours davantage à cette œuvre et lui donnait l'espoir de plus grands succès encore; il s'y dévoua tout entier, et, ayant été ordonné prêtre (1), il voulut dire sa première messe dans la chapelle intérieure de la maison de refuge, qui eut ainsi les prémices de son ministère.

Mais, au milieu des soins et des occupations multipliés que nécessitait cette œuvre des jeunes prisonniers, qui se développait de plus en plus, le cœur de l'abbé Arnoux se remplit tout à coup d'une vive inquiétude. Obligé, par devoir, de s'occuper presque continuellement de l'éducation du jeune de Sesmaisons et d'aller passer avec lui une partie de l'année dans les terres du chancelier, il ne pouvait disposer que de quelques instants pour les bonnes œuvres qu'il avait entreprises. Il lui sembla qu'un prêtre ne pouvait ainsi négliger tant d'âmes qui étaient exposées à se perdre, pour se consacrer exclusivement à une seule personne, et, quoique ce fût pour lui une chose pénible d'abandonner un élève qu'il affectionnait, et que, d'ailleurs, il ne sut encore quels seraient ses moyens d'existence, il se décida à faire ce sacrifice et à sortir de la maison du chancelier.

C'est alors qu'il écrivit à un ami : « Maintenant, où Dieu veut-il que j'aille? c'est sur quoi je vais consulter, et voir la route que je dois prendre : du lieu où je me trouve, il y en a deux, route de Paris et route de Poitiers; Poitiers, voilà mon diocèse : Paris, voilà où sont mes affections. Que faire? Je viens d'écrire à M. Delamyre (2) : s'il me juge

(1) M. Arnoux est entré au séminaire de Saint-Sulpice le 11 octobre 1813, étant déjà tonsuré; minoré le 23 décembre 1815; sous-diacre le 13 avril 1816; diacre le 20 décembre 1817; prêtre le 16 mai 1818.

(2) Alors vicaire général de Paris, mort évêque du Mans.

digne et capable de remplir les fonctions d'aumônier de Sainte-Pélagie, je reviens à Paris, sinon, c'est que Dieu ne voudra plus de moi auprès des prisonniers, pour lesquels je me sens, je crois, un attrait irrésistible; et alors je combats généreusement toutes mes affections, et je pars pour mon diocèse. Je vous prie de me rendre maintenant un service. Il vous faudrait voir M. Delamyre. Gardez-vous de chercher à l'influencer, ce n'est pas là mon désir; mais, en le voyant, vous pourriez savoir sa détermination et me la faire connaître. » On décida que l'abbé Arnoux devait rester à Paris. M. De Pierre, curé de Saint-Sulpice, s'empressa de l'agréger au clergé de cette paroisse, et, peu de temps après, il fut nommé momentanément aumônier de la grande Force; puis il passa en cette qualité à la prison de Sainte-Pélagie.

Déjà la sollicitude de M. Arnoux s'était étendue jusqu'aux enfants placés à la Force, maison de détention temporaire pour les prévenus jusqu'au jugement qui prononçait sur leur sort. Il lui avait semblé qu'il était nécessaire de s'en occuper dès leur entrée dans les prisons et de les suivre successivement dans toutes celles qu'ils devaient parcourir avant d'être rendus à la liberté. Par ses soins et ceux des personnes qui s'étaient jointes à lui, ces enfants avaient été séparés des autres prévenus avec lesquels ils avaient jusqu'alors été confondus. On avait d'abord établi pour eux la prière du matin et du soir; et, comme ils n'avaient encore ni maître ni classe, ceux qui savaient lire se prêtaient à instruire leurs camarades. Plus tard une classe fut établie, et on ne tarda pas à en éprouver les heureux effets; les enfants, qui jusqu'alors passaient de longues journées dans l'oisiveté et livrés à eux-mêmes, furent réunis pendant plusieurs heures de la journée et occupés à la lecture, l'écriture et à l'étude du catéchisme, sous la conduite éprouvée d'un maître pris parmi les détenus et sous la surveillance très-attentive du concierge, qui y mit beaucoup de zèle. Les dépenses de cette classe avaient d'abord été payées au moyen de sommes accordées par la Société des prisonniers pour dettes et par celle des bonnes œuvres de M. l'abbé Legris-Duval, sommes qui servaient aussi pour quelques distributions de pain, de sabots et autres objets de première nécessité. Postérieurement, les administrateurs de la maison de refuge obtinrent du conseil des prisons qu'un surveillant libre, chargé de faire cette classe et payé par la préfecture, fût placé à la tête des enfants, comme cela avait lieu à Sainte-Pélagie.

Une fois aumônier de la prison de la Force, M. l'abbé Arnoux obtint que le dortoir des enfants fût partagé en petites cellules placées sur une seule ligne et grillées à la partie antérieure, et dans lesquelles ces jeunes prisonniers étaient enfermés pendant la nuit de telle sorte qu'un surveillant, en parcourant le corridor, pût voir tout ce qui s'y passait. Ce fut comme un modèle de ce que l'on devait faire dans une prison spéciale destinée aux jeunes détenus et dont l'abbé Arnoux sollicitait la construction, puisqu'il était peu convenable et que même il paraissait impossible de laisser les enfants à Sainte-Pélagie si l'on voulait leur amélioration, et que d'ailleurs ce local, trop étroit et alors mal distribué, n'eût pas permis d'y établir des cellules pour les coucher, comme cela avait lieu à la maison de refuge, ce qui était cependant si nécessaire pour le maintien de l'ordre et des bonnes mœurs.

Mais l'abbé Arnoux ne borna point là les efforts de son zèle ; il s'occupa aussi des hommes qui étaient détenus temporairement à la Force ; il réunit ceux qui montraient de la bonne volonté, et il y en eut souvent plusieurs centaines, dont quelques-uns âgés de plus de trente ans n'avaient jamais entendu parler de Dieu, ou qui, au moins, devaient être ramenés aux éléments mêmes de la religion, étant, pour la plupart, d'une ignorance profonde des premiers devoirs du christianisme. Il leur fit des instructions qui furent écoutées avec attention et respect. Ces instructions eurent lieu d'abord dans une grande salle ou chauffoir, en attendant que l'on eût une chapelle, qui fut construite plus tard. Aidé de ses collaborateurs, M. Arnoux s'occupa de procurer à ces malheureux les secours nécessaires, car ils n'étaient pas tous de riches voleurs, et plusieurs manquaient même des vêtements les plus indispensables. Cet homme de bien s'occupait aussi, avec beaucoup de charité, de ceux qui étaient à l'infirmerie de la prison. La prière fut enfin établie dans cette maison, et elle se fit régulièrement matin et soir.

C'était surtout à la Force qu'il paraissait urgent de ne pas confondre les prisonniers et de multiplier les classes ou catégories, qui sont si avantageuses dans toutes les prisons. On faisait observer alors qu'il serait nécessaire de séparer les repris de justice des hommes qui étaient arrêtés pour la première fois. En effet, au milieu de ce mélange d'individus dont quelques-uns pouvaient être innocents, dont les autres étaient coupables, mais à des degrés différents, il était bien difficile que ceux qui débutaient dans la carrière du vice ne reçussent pas une influence fâcheuse de la société des vétérans du crime, qui enseignaient aux plus novices comment ils devaient s'y prendre pour échapper aux rigueurs de la justice et éviter le châtiment dont ils étaient menacés, hommes habiles connaissant parfaitement les articles du code et toutes les ruses qu'il faut employer pour en éluder l'application. Quoi qu'il en soit, par sa douceur, son zèle et sa charité, M. Arnoux gagna la confiance de ces prisonniers; il parvint à en ramener un certain nombre à de meilleurs sentiments, et plusieurs de ceux qui avaient été acquittés vinrent le prier de s'intéresser à eux et de les aider à se placer, afin d'éviter, par le travail, les dangers qu'ils trouveraient dans l'oisiveté, désireux qu'ils étaient de tenir une conduite meilleure.

Ce fut pendant qu'il était chargé de la Force, que M. Arnoux eut l'occasion d'y voir un jeune militaire qui s'était rendu coupable d'un double assassinat. Ce jeune homme, qui ne paraissait pas fait pour le crime, fut si touché de la première visite que lui fit le digne aumônier, qu'il ne put retenir ses larmes et lui fit écrire pour l'engager à venir le revoir. M. Arnoux le confessa plusieurs fois, lui fit détester son crime et lui inspira les meilleures dispositions; il lui procura un défenseur habile et charitable (1), qui, par d'utiles conseils, le confirma dans ses bons sentiments. L'abbé Arnoux, qui, après l'avoir vu souvent à la Force, ne l'avait point abandonné à la Conciergerie, continua de le visiter à Bicêtre après sa condamnation; il alla l'y voir encore le matin même du jour où ce jeune homme subit le châtiment infligé par la justice, et le prépara à ce coup fatal. Ce criminel converti marcha au supplice en exprimant son profond repentir, et en exhortant la foule qui l'entourait à ne pas suivre son exemple et à considérer où le crime l'avait conduit. Le peuple paraissait fort touché; ainsi cette multitude, qui était venue là poussée par une curiosité cruelle, reçut, en cette circonstance, une utile leçon, qui devait faire plus d'impression encore sortie de la bouche qui la donnait.

Ce que M. Arnoux avait été auprès des grands prisonniers de la Force, il le fut également avec ceux de Sainte-

(1) M. de Portets, mort professeur à l'école de droit et au collége de France.

Pélagie, maison où étaient placés, après leur jugement, ceux qui étaient condamnés à la détention. Ces hommes, frappés de ce que faisait la charité chrétienne pour les jeunes détenus, témoignèrent, à diverses reprises, le désir que l'on s'occupât d'eux aussi : on y était porté, d'ailleurs, par un motif particulier; on avait reconnu que le voisinage de ces grands prisonniers était dangereux pour les plus jeunes, il était naturel d'attaquer le mal dans sa source. Une classe fut établie pour ceux qui montraient de la bonne volonté; mais comme l'instruction, si elle était mal dirigée, serait plus nuisible qu'utile, puisque ce serait une arme de plus contre la société entre les mains de ceux qui en feraient un mauvais usage, on y fit concourir la morale et la religion, et, pour les instructions, ces hommes furent partagés en plusieurs divisions, selon qu'ils avaient ou n'avaient pas fait leur première communion. Déjà les jeunes gens avaient été placés dans un corridor à part, ainsi que cela avait eu lieu pour les enfants dès l'origine de cette œuvre. Des catéchismes, des instructions furent donc faits à tous, comme cela avait eu lieu pour les grands prisonniers de la Force; enfin la prière du soir et du matin fut d'abord établie à l'infirmerie, puis dans le reste de la maison.

On voit, par ce qui précède, que déjà des essais de classification parmi les prisonniers avaient été comme indiqués. En effet, on faisait encore observer alors, ainsi qu'on l'a déjà dit à l'occasion de la Force, qu'il serait important de partager au moins les détenus en diverses catégories, suivant l'âge et surtout suivant la nature du délit et le degré de perversité; car, en laissant ensemble ceux qui étaient en état de récidive et ceux qui étaient incarcérés pour la première fois, les plus coupables avec ceux qui l'étaient moins, on s'exposait à des résultats très-fâcheux pour ces hommes et, en définitive, pour la société, les plus mauvais perfectionnant dans le mal, si l'on peut s'exprimer ainsi, leurs compagnons de captivité; en sorte que ceux-ci sortaient souvent de la prison plus méchants et plus dangereux encore qu'ils n'y étaient entrés.

Quant à l'abbé Arnoux, il faisait, de son côté, tout ce qui dépendait de lui pour atténuer ce mal en cherchant à améliorer ces hommes, et pour cela il tâchait de gagner leur confiance en faisant pour eux tout ce qui dépendait de lui. Après les avoir vus à Sainte-Pélagie, il allait encore visiter ceux qui, jeunes ou vieux, étaient transférés à Bicêtre, ou ceux qui, dans cette dernière prison, réclamaient aussi son secours, et il allait même les voir jusque dans les cachots; il voulait les captiver par la charité et la douceur, et souvent il y réussissait. Insulté un jour par un condamné aux galères qui l'accablait d'injures, l'abbé Arnoux, sans se plaindre, courut l'embrasser avec affection, lui donna des secours et ne cessa de le voir jusqu'au moment de son départ. Ce malheureux, touché de la charité du bon prêtre, revint à des sentiments meilleurs. Mais il ne fut pas le seul à qui l'abbé Arnoux donna des secours; cet excellent homme portait des aumônes à Bicêtre, et pour cela il faisait des quêtes et donnait aussi tout ce qu'il pouvait, et souvent même plus qu'il ne pouvait (1). On l'a entendu se reprocher d'avoir fait l'acquisition d'un couvert d'argent, lui qui jusqu'alors se servait de couverts de fer ou d'étain. Il était honteux de s'être donné cette légère satisfaction, tandis que cet argent aurait pu, disait-il, être employé au soulagement des malheureux.

Ce fut vers cette époque qu'il s'occupa momentanément

(1) Sa mère lui faisant un jour observer qu'il s'exténuait par les courses continuelles qu'il faisait, à pied, pour aller aux prisons, et qu'il devrait prendre des voitures, il lui répondit avec gaieté : « Je ne pourrais faire ces dépenses; les deux toiles de mon gousset se touchent. »

d'une œuvre qui, bien que différente de celles qui, jusqu'alors, avaient rempli tous ses instants, avait cependant un rapport éloigné avec son œuvre de Sainte-Pélagie. On avait placé dans une portion de l'hôpital de la Pitié les malheureuses victimes de la corruption de la capitale. Le séjour de ces femmes dans cette maison devant nécessairement être plus ou moins prolongé, la respectable sœur Rosalie, dont le nom est bien connu de tous ceux qui s'occupent de bonnes œuvres, et quelques autres personnes charitables, avaient eu l'idée heureuse d'essayer la régénération morale de ces infortunées; mais il fallait commencer. On en parla à l'abbé Arnoux, qui, outre le zèle qui le portait naturellement à tout ce qui était utile, était encore excité à cette bonne œuvre par une considération particulière qui touchait Sainte-Pélagie : plusieurs fenêtres de cette prison donnant sur la portion des bâtiments de la Pitié occupée par ces femmes, il s'établissait entre ces malheureuses et les prisonniers des conversations et des correspondances qui devenaient la source d'une foule de désordres. M. Arnoux se prêta donc bien volontiers à commencer cette bonne œuvre, et, par un discours où sa charité se montrait tout entière, il confirma dans leurs excellentes intentions les dames pleines de zèle qui voulaient l'entreprendre, et il raffermit le courage de celles qui pouvaient encore hésiter; il donna ainsi l'impulsion à cette œuvre, qui fut ensuite continuée par d'autres; car son œuvre à lui, c'était surtout celle des jeunes prisonniers.

On a vu que c'était par eux qu'il avait commencé; il continua à s'en occuper avec zèle lorsqu'il fut plus spécialement chargé d'eux en qualité d'aumônier de Sainte-Pélagie. Pour engager ces enfants à se bien conduire, il avait établi qu'une distribution de pain blanc serait faite, tous les dimanches, à ceux qui auraient donné plus de satisfaction dans la semaine (1). Quelquefois aussi une distribution d'effets à leur usage était faite à ceux qui, par leur conduite, leur zèle et leur assiduité au travail pendant la classe, paraissaient mériter des récompenses et des encouragements; car M. Arnoux ne négligeait aucun moyen de réveiller chez eux des sentiments meilleurs et d'exciter leur émulation (2). Sur son invitation, le vertueux duc Mathieu de Montmorency vint quelquefois porter au milieu d'eux des aumônes et des conseils capables de faire germer la vertu dans leurs cœurs. Le jeudi saint, dans la cérémonie du lavement des pieds, humiliant devant eux les grandeurs de la terre, il donnait jusque dans la prison ces leçons et ces exemples que l'on était habitué à recevoir, en tous lieux, de sa piété et de son zèle.

Mais, à leur sortie de la prison, ces enfants étaient encore l'objet des soins de l'abbé Arnoux. On a vu que plusieurs d'entre eux étaient placés à la maison de refuge; mais c'étaient les plus sages qui y étaient admis, et les autres rentraient immédiatement dans le monde, soit parce qu'ils n'avaient pas fait assez d'efforts pour mériter cette faveur et qu'on n'était pas assez sûr de leur conduite, soit parce que leur âge trop avancé ou d'autres raisons particulières s'y opposaient. Il ne fallait pas les abandonner pour cela; il était même d'autant plus nécessaire de s'occuper d'eux qu'ils seraient exposés à plus de dangers lors de leur retour dans la société; il fut donc établi que l'on donnerait à chacun d'eux un protecteur ou patron chargé de sa surveillance dans le monde, qui le verrait chez ses parents ou dans les différentes maisons où il pourrait être placé, s'informerait

(1) Une distribution semblable fut établie pour les jeunes prisonniers de la Force.

(2) Il obtint la grâce définitive de quelques-uns dont l'âge empêchait l'admission à la maison de refuge.

de sa conduite, et l'aiderait de ses utiles et charitables conseils. L'abbé Arnoux trouva encore, dans la Société des bonnes œuvres de l'abbé Legris-Duval, des personnes qui le secondèrent dans celle-ci, et qui, par leur zèle, évitèrent à plusieurs de ces enfants de nouvelles chutes et de nouveaux malheurs qui en eussent été la suite.

L'abbé Arnoux était trop attentif à tout ce qui pouvait assurer le succès de son œuvre pour ne pas sentir qu'il y manquait une chose importante, c'était que les enfants fussent placés dans une prison spéciale, et cette pensée d'amélioration le préoccupait depuis le commencement de son apostolat.

Le roi, par une ordonnance en date du 9 septembre 1814, avait décidé que tous les condamnés âgés de moins de vingt ans, pris dans les prisons de la capitale ou dans celles des départements environnants, seraient réunis dans une prison désignée par M. le ministre de l'intérieur, pour y être soumis à un règlement particulier tendant à amener leur amélioration morale; mais cette ordonnance attendait encore son exécution. Quelques tentatives avaient déjà été faites cependant. On s'était occupé de la recherche et de la disposition d'un local, et les enfants avaient été provisoirement réunis dans la prison de Sainte-Pélagie; mais on a vu comment ils y étaient placés lorsque M. Arnoux commença à s'occuper d'eux, tant le bien se fait avec lenteur; et quoique, par les soins de cet excellent jeune homme, ces enfants eussent été réunis dans un corridor à part, cette situation était encore loin d'être satisfaisante, et même elle présentait les plus graves inconvénients ; on en a déjà signalé plusieurs qui résultaient de la petitesse du local et de l'encombrement de la prison ; mais il en était encore d'autres dont quelques-uns étaient la suite aussi de la mauvaise distribution de ce local.

D'abord cet emplacement était si étroit, qu'il avait été impossible d'y établir des ateliers semblables à ceux qui existaient pour les hommes, et où ces enfants pussent apprendre et exercer un métier; tout ce qu'on pouvait faire était de les réunir dans une salle commune, où on leur faisait confectionner des cardes pour les occuper dans l'intervalle des classes; en sorte qu'ils sortaient de la prison sans état, et souvent dans un âge où il devient plus difficile d'en apprendre, les uns ignorant ce qu'était devenue leur famille pendant une détention de plusieurs années, les autres s'assurant que leurs parents n'avaient ni la volonté ni les moyens de leur être utiles; ainsi beaucoup de ces infortunés manquaient des moyens de résister aux séductions de l'oisiveté et du besoin.

Mais le local occupé par ces jeunes détenus présentait encore un autre inconvénient; il était si resserré, qu'il était impossible de soustraire les moins mauvais aux influences des autres. On ne pouvait établir de division parmi eux, et la seule ressource était de reléguer les plus incorrigibles dans le corridor occupé par les jeunes gens, ce qui les exposait à être perdus pour toujours.

Les récréations avaient lieu dans une cour environnée des croisées de chambres occupées par de grands prisonniers; ces enfants étaient aussi fréquemment obligés de traverser le quartier des hommes, ce qui était encore une occasion de communication avec ces grands prisonniers. De plus, une partie de leurs dortoirs était située sur la cour des grands détenus qui faisaient entendre des chansons d'où s'exhalait toute leur immoralité; mais les chambres situées de l'autre côté du corridor occupé par les enfants étaient exposées à un scandale plus effrayant encore; elles se trouvaient en face des bâtiments de l'hôpital de la Pitié habités par les malheureuses victimes de la corruption et du vice, dont on a déjà parlé. Ces enfants étaient donc sans cesse en présence d'exemples de la plus profonde immoralité.

Telle était une partie des obstacles qui s'opposaient encore à la régénération morale des jeunes détenus; tel était le lieu où devait se recruter la maison de refuge. On conçoit aisément combien il était difficile d'obtenir tous les résultats qu'on était en droit d'en attendre, avec des éléments si mal préparés. L'abbé Arnoux sentait parfaitement tout cela et employait tous les moyens qui étaient en son pouvoir pour obtenir enfin l'établissement d'une prison spéciale destinée aux enfants, où l'on pourrait les soumettre à un régime différent et à une meilleure discipline, et préparer ainsi plus efficacement et avec plus de succès leur admission à la maison de refuge ou leur rentrée dans le monde.

Quand un homme a ainsi une idée sagement conçue, s'il la suit avec constance et que le temps ne lui manque point, il est bien difficile qu'il n'arrive pas, un jour, au but auquel il tend, car c'est à la persévérance que le succès est promis. Quant à l'abbé Arnoux, on peut dire que le temps seul lui a manqué, et il semblait qu'il en eût le pressentiment, car il se hâtait, avec toute la vivacité de son âge, de développer son œuvre des jeunes prisonniers et faisait tous ses efforts afin d'obtenir pour eux cette maison de détention spéciale qui était l'objet de ses désirs. Il en parlait sans cesse et cherchait à faire adopter ses vues par ceux qui pouvaient réaliser ce projet. Déjà il avait eu des conférences à ce sujet avec des personnages haut placés. Ses idées germaient insensiblement dans les esprits, on les adoptait, enfin elles se développèrent, et l'on peut dire qu'elles n'ont pas été sans influence sur tout ce qui a été fait depuis pour les prisons. Mais l'abbé Arnoux était surtout un homme d'action, et il s'occupait plutôt de la pratique que de la théorie, s'attachant, de préférence, à fournir des exemples et à obtenir des résultats utiles par tous les moyens que pouvait lui suggérer son ingénieuse charité.

Déjà le conseil des prisons s'était occupé d'effectuer, dans ces tristes lieux, d'utiles améliorations. Par les soins de MM. de Chabrol, préfet du département, et Delavau, ancien conseiller à la cour royale, alors préfet de police (1), un système général et complet d'établissement, de distribution des prisons et de répartition des prisonniers fut arrêté, et les plans furent dressés. Il fut décidé, entre autres choses, que des prisons spéciales seraient construites pour les prisonniers pour dettes et pour les jeunes condamnés. Quant aux enfants de la correction paternelle (2), M. Arnoux, qui leur avait fait le catéchisme la première fois qu'il fut admis à Sainte-Pélagie, leur portait toujours intérêt. On concevait alors que le séjour de ces enfants dans cette prison pouvait exercer sur eux une influence fâcheuse. Ils furent placés aussi dans une maison à part, où ils purent recevoir des instructions. M. Moreau, dont on a déjà parlé, s'en occupa avec beaucoup de sollicitude, lorsqu'il fut président du tribunal civil de la Seine, et il avait dressé un règlement pour l'établissement où ils étaient placés. On avait même eu le projet de faire l'acquisition d'un terrain voisin de la maison de refuge pour y construire un bâtiment qui leur serait destiné et disposé de telle manière que ces enfants pussent venir dans une tribune de l'église du refuge, en sorte qu'ils auraient pu y profiter de tous les secours de la religion.

(1) M. Delavau porta, comme son prédécesseur, un vif intérêt à la maison de refuge, dont il avait été l'un des administrateurs ayant concouru à sa fondation.

(2) Ils sont détenus temporairement, par forme de correction, et d'après un ordre du président du tribunal de première instance, sur la demande de leurs parents.

Ainsi ce que l'abbé Arnoux avait demandé et préparé se faisait successivement pendant sa vie ou après sa mort.

On a pu remarquer quelle était l'activité de son zèle; un autre trait de son caractère, c'est qu'il avait autant de gaieté et de franchise que de simplicité, de douceur et de modestie. La multiplicité de ses occupations relatives aux prisonniers ne l'empêchait point de s'intéresser encore à tout ce qui était bon et utile. Il fit un petit écrit en faveur des frères des écoles chrétiennes que l'on attaquait alors, ce qui lui attira les injures grossières de je ne sais quel obscur libelliste de ce temps-là; il ne s'en troubla point et continua tranquillement ses bonnes œuvres; car il suivait toujours le chemin qu'il s'était tracé et faisait simplement ce que lui dictait sa conscience, sans s'inquiéter de ce qu'on en dirait; c'est souvent un bon moyen de réussir.

M. l'abbé Arnoux, disait un jour l'abbé Legris-Duval, est un jeune homme pour qui j'ai le plus grand respect et la plus profonde vénération. En effet, plus on connaissait l'abbé Arnoux, plus on s'y attachait. Ses collaborateurs de bonnes œuvres avaient pour lui une respectueuse estime et une vive affection, et cela était tout naturel; car, le voyant sans cesse, ils étaient, par cela même, dans le cas d'apprécier encore mieux ses excellentes qualités; il s'attirait aussi le respect et la confiance des prisonniers, et cela était encore bien naturel; car ces hommes recevaient continuellement des marques de son charitable dévouement pour eux; enfin ceux mêmes qui le connaissaient moins se sentaient attirés par son esprit agréable et par son amabilité. Le docte Pigeau, professeur à l'école de droit, avait conçu pour lui une estime singulière; en l'absence de son confesseur, il en fit le dépositaire de sa conscience, et ce fut dans ses bras qu'il voulut mourir.

A mesure que ses relations s'étendaient et qu'on le connaissait davantage, il acquérait plus de considération et d'autorité, et il inspirait plus de confiance ; il n'est donc pas extraordinaire que, dans une circonstance malheureuse, on ait tout naturellement pensé à lui.

Un horrible attentat avait été commis. Un prince avait été frappé au cœur par un obscur scélérat, et, quoique la victime eût demandé, en mourant, la grâce de l'assassin, la justice humaine devait avoir son cours, et l'issue du procès ne pouvait être douteuse; or, comme c'est toujours un scandale pour la société, et en même temps un dangereux exemple, lorsque la mort d'un grand coupable n'est point accompagnée d'un profond repentir, et celui-là avait acquis une trop malheureuse célébrité, le chancelier, qui estimait l'abbé Arnoux et qui avait été à même d'apprécier son zèle et sa charité, lui proposa de voir le criminel pour tâcher de l'amener à des sentiments meilleurs. M. Arnoux, touché de ces motifs, et qui, d'ailleurs, voyait là encore une âme à sauver, accepta cette pénible mission.

Louvel avait d'abord cru qu'on lui avait envoyé l'abbé Arnoux *pour le faire parler*, selon ses propres expressions, et il se tenait fort réservé ; mais peu à peu M. Arnoux lui inspira plus de confiance, et il causa volontiers avec le vertueux ecclésiastique. C'était une chose singulière que la conversation de deux hommes si différents ; celle du coupable n'était qu'un mélange de phrases prises dans les pamphlets et autres écrits de cette époque, et, quoique ses principes fussent ceux d'une impiété brutale et séditieuse, la présence du digne prêtre lui faisait une profonde impression ; en son absence il en parlait souvent et paraissait même fort agité par tout ce que celui-ci lui avait dit. Toujours il le reçut avec politesse, parfois même avec respect ; mais, après quelques visites, cet homme redevint tout à coup plus réservé. Un jour, surtout, que l'abbé Arnoux l'avait peut-être pressé plus vivement et avait fait encore plus d'efforts qu'à l'ordinaire afin d'adoucir ce caractère sauvage, celui-ci résista davantage et repoussa presque le charitable prêtre que le zèle seul pouvait conduire auprès de lui. Il semblerait que, par un secret impénétrable de la justice divine, la grâce de miséricorde qui était offerte à ce misérable et à laquelle il résistait lui ait été retirée. Dès ce moment, l'abbé Arnoux, que ces derniers efforts de charité et de zèle avaient encore affaibli davantage, et qui en était, d'ailleurs, profondément affecté, tomba tout à fait malade, et il ne lui fut plus possible de retourner auprès du criminel. Quoi qu'il en soit, l'impression qu'il avait faite sur le malheureux Louvel était si vive, que, le jour même de sa mort, celui-ci demanda avec intérêt des nouvelles de M. Arnoux, et, ayant appris que ce bon prêtre n'existait plus, il en parut frappé, et il témoigna y être sensible autant qu'un homme de ce caractère pouvait l'être.

Déjà M. Arnoux, emporté par son charitable zèle et excédé par des travaux sans proportion avec ses forces, avait éprouvé à diverses reprises les atteintes du mal qui devait, un jour, le ravir aux bonnes œuvres. A l'époque de ses premières souffrances, M. l'abbé Legris-Duval, qui était venu le visiter, s'étant informé de l'emploi de son temps, dit à un ami : Il est impossible que ce jeune homme résiste à un tel travail. Si cela continue, nous le perdrons bientôt; il faut que nous réunissions tous nos efforts pour lui procurer une place qui, en lui assurant une existence honorable, lui laisse presque tout son temps qu'il emploie si bien dans les prisons. Vains projets! le vénérable prêtre meurt peu de temps après; l'abbé Arnoux, si digne de son intérêt, continue à s'épuiser par un travail sans relâche, et tombe aussi après plusieurs alternatives de souffrances et d'un rétablissement incomplet.

Au milieu de la langueur et des souffrances de plusieurs mois occasionnées par l'état alarmant de sa poitrine, le pieux ecclésiastique se faisait rendre compte de la situation de ses œuvres, et s'occupait toujours avec sollicitude de sa maison de refuge et de ses chers prisonniers. Déjà, ne pouvant plus sortir, il fut réclamé par un malade de Sainte-Pélagie. N'écoutant que son zèle, il se fit porter plusieurs fois à l'infirmerie de la prison; on l'y vit arriver tout couvert des livrées de la maladie pour y exercer un ministère de miséricorde (1). Ce furent là comme les derniers efforts de sa charité; bientôt il ne lui fut plus possible d'exhorter les autres que par les exemples continuels de sa patience, de sa douceur et de sa résignation.

Pendant sa longue, pénible et douloureuse maladie, il fut veillé par les enfants du refuge qui avaient sollicité et obtenu cette faveur, par les bons frères et par plusieurs de ses collaborateurs de bonnes œuvres, entre autres par M. Blanquart de Bailleul, alors élève en droit, depuis évêque de Versailles, puis archevêque de Rouen, et que la Providence préparait ainsi aux sublimes fonctions du saint ministère.

Visité et béni par M. de Quélen de vénérable mémoire, alors coadjuteur de Paris, qui voulait aussi lui témoigner son intérêt et honorer en lui la vertu, M. Arnoux, qui s'était préparé depuis longtemps à paraître devant Dieu, reçut encore les derniers sacrements.

Enfin, assisté dans ses derniers moments par le frère directeur de la maison de refuge et sentant sa fin appro-

(1) Le chancelier se trouvant là un jour, au moment où on le ramenait de Sainte-Pélagie, lui dit avec intérêt : « Mon cher abbé, vous ne devriez pas sortir dans l'état où vous êtes; celui que vous venez de voir est peut-être moins malade que vous. » M. Arnoux lui répondit : « Monseigneur, en sauvant cette âme-là, je sauve la mienne. »

cher, il faisait des actes d'amour de Dieu et invoquait Jésus, Marie, Joseph, les priant de le soutenir dans son agonie. On lui présenta un crucifix qu'il semblait chercher; il le saisit en s'écriant : Le voilà, le voilà; puis, le tenant sur ses genoux et les yeux fixés sur ce signe de salut, il mourut le 4 juin **1820**, à huit heures du matin.

Le Saint-Esprit lui avait accordé les honneurs de la vieillesse, disait un jour le respectable abbé Desjardins, archidiacre de Paris, de charitable et douce mémoire; c'est une grande perte pour le diocèse; il est placé maintenant bien près de l'abbé Duval. Que pourrait-on ajouter à cet éloge fait par un sage appréciateur du mérite?

Le 6 juin, sa famille, les membres du conseil d'administration de la maison de refuge, les frères attachés à cet établissement, les enfants qui y demeuraient, et un grand nombre d'autres personnes, parmi lesquelles on remarquait d'anciens élèves de la maison qui venaient payer à leur bienfaiteur le tribut de leur reconnaissance, accompagnèrent son corps (1) à l'église de Saint-Sulpice et de là au cimetière de l'est (le Père Lachaise), où il fut inhumé provisoirement jusqu'à ce qu'on eût obtenu l'autorisation de le déposer dans l'un des caveaux de l'église de la maison de refuge,

(1) Son cœur avait été placé dans une boîte de plomb, sur laquelle était soudée une plaque de vermeil portant cette inscription, composée par M. Petit-Radel, membre de l'Institut :

COR · SACERDOTIS
FRANCISCI · XAVERII · ARNOUX (*sic*)
HVIVSCE · DOMVS · REFVGII
LATRVNCVLORVM · EMENDATIONI
DICATAE · FVNDATORIS
QVI
NATUS · VIII · NOVEMBR · MDCCLXXXXII
MORTVVS · IV · IVN · MDCCCXX
PERTRANSIIT · BENEFACIENDO

conformément aux intentions qu'il avait manifestées depuis longtemps (1).

Une lettre en date du 22 juin 1820, adressée par le ministre de l'intérieur au cardinal de Périgord, archevêque de Paris, ayant fait connaître que le roi avait permis que ce corps fût déposé dans un caveau de la maison de refuge le 8 novembre suivant, M. Arnoux fut exhumé et transféré à la maison de refuge; les enfants qui y étaient se disputèrent le triste devoir de le porter eux-mêmes au lieu destiné à la sépulture. Après les cérémonies d'usage, le cercueil fut déposé dans une fosse pratiquée dans les ca-

(1) M. de Quincerot, alors vice-président du tribunal civil, et depuis président à la cour royale, qui avait bien voulu se charger de remplir les fonctions de secrétaire du conseil d'administration de la maison de refuge, reçut, à cette occasion, la lettre suivante :

PRÉFECTURE DU DÉPARTEMENT DE LA SEINE.

Paris, le 13 juin 1820.

MONSIEUR,

Je partage les justes regrets que vous donnez à la perte de M. l'abbé Arnoux, dont la piété et les services m'étaient particulièrement connus.

Je regrette beaucoup de n'avoir pu faire concéder un terrain gratuit pour sa sépulture provisoire.

Mais, si vous n'obtenez point l'autorisation de le faire inhumer dans les dépendances de la maison de refuge, je m'empresserai de demander au conseil municipal de la ville de Paris l'avis nécessaire pour faire déclarer la concession gratuite et restituer la somme payée à la mairie.

C'est un faible hommage que le conseil ne manquera pas de rendre à la mémoire d'un homme qui s'est acquis tant de droits à l'estime publique et, en particulier, à la reconnaissance de l'administration de cette ville.

Je serai heureux moi-même de pouvoir, dans cette occasion, seconder les soins pieux et empressés que vous et MM. vos collègues prenez à la sépulture de ce vertueux ecclésiastique.

Veuillez agréer, monsieur, et faire agréer à MM. les membres du conseil, l'assurance de mes sentiments distingués.

Le conseiller d'État, préfet,

CHABROL.

veaux de l'église sous la chaire, endroit qui avait été désigné par l'abbé Arnoux longtemps avant sa mort. Une croix en fer scellée dans la muraille indiquait le lieu où reposaient les cendres de ce fondateur de la maison.

Depuis cette époque, lorsqu'un enfant était admis à la maison de refuge, on le conduisait au tombeau de M. Arnoux, et c'est en acquittant la dette de la reconnaissance par une prière sur ce tombeau que débutait cet enfant à son entrée dans la maison.

Postérieurement, l'église ayant été ouverte au public, ainsi qu'on va le dire, le cœur y fut aussi déposé sous la chaire, et deux marbres y furent placés portant des inscriptions composées par M. Petit-Radel de l'Institut (1).

Une chose que l'abbé Arnoux avait désirée vivement, c'était d'obtenir l'ancienne église attenante aux bâtiments de la maison de refuge, et dont l'ouverture pouvait être utile pour l'établissement en même temps qu'avantageuse pour le quartier; il avait fait, à ce sujet, beaucoup de démarches que sa mort seule vint interrompre, mais qui, cependant, obtinrent enfin un plein succès. En vertu d'une ordonnance royale du 27 septembre 1820, autorisant l'exécution d'une délibération du conseil municipal de la ville de Paris en date du 16 avril, et par arrêté du préfet de la Seine en date du 27 décembre de la même année, cette église fut mise à la disposition de l'institution du refuge; elle fut réparée et appropriée à sa destination d'une manière convenable. Le 29 décembre 1824, la cérémonie de la bénédiction fut faite par M. de Quélen, archevêque de Paris; la messe fut dite par M. Gallard, vicaire général (2), et le discours fut prononcé par M. Borderies, alors archi-

(1) Voir ces inscriptions à la fin de la Notice, pages 61 et 63.

(2) Il fut depuis évêque de Meaux, et il est mort coadjuteur de Reims.

diacre du diocèse ; et depuis cette époque les offices continuèrent à y être célébrés. Un fait particulier fut remarqué en cette occasion, et mérite d'être rapporté. Les jeunes aveugles qui avaient assisté à la cérémonie de la bénédiction de l'église et qui avaient concouru à la solennité en exécutant plusieurs morceaux de musique, touchés des exhortations de M. Borderies et de ce qu'il dit d'intéressant sur l'œuvre, voulurent s'y associer en prenant sur leurs petits gains une modeste offrande qui fut remise au conseil d'administration du refuge.

On ne terminera point cette notice sans faire mention d'un hommage qui fut rendu à M. Arnoux après sa mort ; la Société royale pour l'amélioration des prisons lui décerna une médaille qui fut remise à ses parents, comme un témoignage de satisfaction pour les services qu'il avait rendus (1). L'abbé Arnoux n'eût sûrement point ambitionné cette distinction ; les hommes de Dieu se contentent de faire le bien modestement ; ils ne recherchent pas le bruit, les honneurs ou les richesses, ayant placé plus haut leurs espérances. Les peuples, cependant, font bien de mani-

(1) M. le comte Donatien de Sesmaisons reçut, à cette occasion, la lettre suivante :

PRÉFECTURE DE POLICE.

Paris, le 17 avril 1821.

MONSIEUR LE COMTE,

Son Excellence le ministre secrétaire d'État au département de l'intérieur, en exécution des ordres de Son Altesse Royale Mgr. le duc d'Angoulême, président de la Société royale pour l'amélioration des prisons, m'a envoyé une médaille de la Société et un exemplaire du rapport fait à la séance du 13 mars, pour être remis, comme un témoignage de satisfaction, à M. l'abbé Arnoux.

La mort de ce digne ecclésiastique ne me permet pas de remplir une commission dont il m'eût été agréable de m'acquitter à son égard ; mais

fester hautement leur estime et leur respect pour les âmes nobles, généreuses et bienfaisantes. On s'honore soi-même en honorant la vertu.

Et maintenant qu'est devenue, après sa mort, l'œuvre de l'abbé Arnoux et sa maison de refuge? On va le dire; c'est un moyen de faire mieux connaître encore ce vertueux jeune homme; car c'est souvent par le sort des établissements, après la perte de leurs fondateurs, que l'on peut mieux apprécier l'esprit qui en a dirigé la création.

Si l'abbé Arnoux eût travaillé seul, s'il eût fait isolément ce que sa charité lui inspirait, son admirable zèle eût pu lui faire entreprendre des choses excellentes; mais son utile établissement eût été exposé à crouler avec lui. Il eut le bonheur, dès son début dans la carrière des bonnes œuvres, de se trouver associé à d'autres personnes charitables, et il s'habitua ainsi à ce travail en commun. Une fois lancé dans son œuvre des prisons, sa modestie et ses habitudes le conduisirent naturellement à s'associer encore tous ceux qui pourraient l'aider dans son entreprise, et en doublant ainsi ses forces il obtint un autre avantage, celui de l'expérience et des lumières qui résultaient, pour lui, du concours des magistrats et autres qu'il s'était associés au conseil d'administration de la maison de refuge; mais un dernier avantage encore, c'est que, les choses étant ainsi établies, son œuvre, qui était fondée par là, a été continuée après lui.

je crois juste qu'un témoignage de satisfaction aussi honorable reste dans les mains de sa famille, et je vous prie d'avoir la bonté d'en faire la remise aux héritiers de feu M. l'abbé Arnoux.

Agréez, je vous prie, monsieur, l'assurance de ma considération très-distinguée.

Le ministre d'État, préfet,

Comte d'Anglès.

Les enfants placés à la Force et à Sainte-Pélagie furent toujours visités et instruits.

M. l'abbé Carron, dont le nom était inscrit depuis longtemps dans les fastes de la charité (1), voulut bien succéder à l'abbé Arnoux, et le refuge fut comme la dernière des œuvres de miséricorde qui remplirent une vie consacrée au soulagement des misères humaines. Ce vertueux prêtre distribua plusieurs fois, à ses dépens, des encouragements aux jeunes prisonniers de la Force et de Sainte-Pélagie. Pour exciter l'émulation, il proposa au conseil d'administration de la maison de refuge de donner une récompense à chaque enfant admis dans cette maison et qui aurait obtenu trois fois dans l'année le prix mensuel de son atelier, offrant de subvenir personnellement aux frais de cette récompense.

Le refuge continua à inspirer de l'intérêt; il trouva toujours des ressources dans la charité publique. Les secours lui vinrent de la même manière (2), et cet établissement se maintint ainsi pendant plus de dix années après la mort de son fondateur; mais ensuite vinrent les jours d'épreuves.

Déjà, en **1829** et **1830**, des assertions mensongères et calomnieuses, dirigées contre la maison de refuge, avaient été insérées, à diverses reprises, dans quelques journaux. Le conseil d'administration, qui n'avait rien à redouter

(1) Voyez le poëme de *la Pitié* de Delille, chant II et les notes.

(2) On en citera seulement ici quelques exemples :

En 1819, la Société des amateurs avait mis à la disposition du conseil d'administration du refuge une somme de 500 fr. faisant partie de la recette d'un concert donné par cette Société au profit des indigents; en 1820, la même Société envoya une somme de 450 fr. provenant de la même source.

La corporation des boulangers de Paris avait fait, depuis plusieurs années, une collecte en faveur de la maison de refuge; les fonds en étaient

d'un examen approfondi, avait cru devoir y répondre d'abord, puis avait rédigé une note destinée aux jurés, afin de détruire les préventions qui auraient pu nuire à l'établissement et en diminuer les ressources. Le conseil avait, en outre, manifesté le désir que cet établissement fût visité par MM. les jurés; plusieurs avaient répondu à cette invitation, et les collectes faites au milieu d'eux, en faveur de la maison de refuge, étaient une preuve non équivoque de leur satisfaction.

A partir des derniers jours de juillet 1830, il ne fut plus possible aux administrateurs du refuge d'entrer, comme autrefois, dans les prisons, et toutes les démarches et solli-

restés à la caisse de la préfecture de police et s'élevaient à 6,750 fr.; cette somme fut versée, en 1824, dans la caisse de l'établissement.

En 1824, don de 1,200 fr. offert par MM. les avocats au conseil et à la cour de cassation, à l'occasion de l'avénement du roi au trône.

Rente de 200 fr. léguée à l'établissement par Mme Bosquillon.

1,000 fr. légués à la maison de refuge par M. Amédée Dosmond, administrateur de l'établissement.

En 1829, M. Debelleyme, alors préfet de police, qui, de même que ses prédécesseurs, portait intérêt à la maison de refuge, décida que cet établissement serait compris pour la somme de 1,000 fr. dans la distribution de celle de 3,000 fr. qui lui avait été remise, pour œuvres de bienfaisance, par une personne généreuse qui n'avait pas voulu se faire connaître.

En 1830, don de 230 fr. provenant d'une collecte faite entre MM. les président et juges composant la 6e chambre du tribunal de première instance du département de la Seine, à la suite d'une visite qu'ils avaient faite dans la maison. Ce fait rappelle que, en 1818, MM. les conseillers auditeurs de la cour royale avaient fait une offrande de 192 fr. provenant de la répartition à eux revenante sur les places vacantes. Ces exemples furent souvent imités par beaucoup d'autres magistrats, dont plusieurs même existent encore; car, ainsi qu'on l'a déjà fait observer, la maison de refuge fut surtout encouragée, protégée et soutenue par la magistrature.

Diverses sommes versées dans la caisse de la maison en 1830 et 1831, et formant un total de 5,250 fr. donnés par la veuve de M. Coste, chef de bataillon de la gendarmerie de Paris, en exécution des intentions bienveillantes de son mari.

citations qui furent faites, à diverses reprises, afin d'obtenir cette autorisation, demeurèrent sans succès. De cet état de choses devait résulter insensiblement la ruine de la maison de refuge, puisque l'administration de cet établissement, ne pouvant plus, comme autrefois, connaître, instruire et éprouver les jeunes prisonniers, manquait, par cela même, de sujets pour remplacer ceux qui, après avoir fini leur apprentissage et avoir donné des garanties suffisantes de leur bonne conduite, étaient rendus à la société. Les choses demeurèrent dans cette position jusqu'en 1832.

Le 27 août 1832, le préfet de police écrivit aux administrateurs de la maison de refuge : *Le conseil général du département de la Seine, après avoir examiné les documents qui lui ont été communiqués dans sa dernière session, relativement au projet de suppression de la maison dite de refuge, établie rue des Grès, a pris une délibération ainsi conçue :*

« Le conseil, considérant que la maison des jeunes pri-
« sonniers, nouvellement organisée, permet d'y réunir,
« élever et surveiller tous les enfants, rejette les 6,000 fr.
« précédemment alloués à la maison de refuge; les
« 3,000 fr. portés ci-contre présentent les dépenses des
« six premiers mois de 1832. »

Je joins ici une copie certifiée de la délibération du conseil général.

M. le ministre du commerce et des travaux publics, auquel la même délibération a été communiquée, regardant l'extinction de la maison de refuge comme une conséquence nécessaire de la suppression des secours dont elle jouissait, m'invite, par sa lettre du 22 du courant, à en faire retirer les enfants condamnés, pour les placer dans la maison de correction qui leur est affectée.

J'ai, en conséquence, l'honneur de vous prier, messieurs,

de vouloir bien me faire adresser, le plus promptement possible, l'état nominatif desdits enfants, ainsi que leurs arrêts de condamnation, afin que je puisse ordonner leur translation dans la maison des jeunes détenus, située rue des Fontaines.

Agréez, messieurs, etc.

Une chose assez singulière, c'est qu'à l'époque où cette lettre fut adressée au conseil, par suite du départ successif des enfants qui avaient fini leur apprentissage et qui n'avaient pu être remplacés, il n'en restait plus que dix dans la maison, nombre égal à celui des jeunes détenus qui y avaient été admis à sa fondation. Six de ces enfants, qui avaient terminé le temps fixé par le jugement pour leur séjour dans une maison de correction, furent rendus à leur famille ou placés convenablement ; les quatre autres, dont la peine n'était point encore expirée, furent réintégrés en prison ; mais le conseil d'administration du refuge leur donna une preuve de sa sollicitude en demandant pour eux une grâce définitive, qui fut accordée peu de temps après, et ils furent, comme les autres, rendus à leurs parents ou placés chez des maîtres d'apprentissage.

Les divers objets mobiliers qui, dans l'origine, avaient été livrés à la maison de refuge par l'administration des prisons lui furent rendus le 5 octobre, et les bâtiments furent remis à la préfecture du département le 10 décembre 1832 (1). Plusieurs constructions qui avaient été faites par l'administration du refuge, et d'autres objets dans les ateliers, les dortoirs, réfectoire, cuisine, etc., furent abandonnés à la ville.

(1) Le cœur de M. l'abbé Arnoux fut retiré de la chapelle où il avait été déposé ; son corps était resté dans le caveau où il était enterré. En 1848 et 1849, l'ancienne église de la maison de refuge fut détruite pour effec-

Quant aux effets mobiliers qui appartenaient à cette institution, ils furent distribués à divers établissements de bienfaisance ou à des pauvres, et servirent, entre autres, pour les orphelins du choléra, pour les classes de charité de paroisse. Le mobilier de la chapelle fut réparti entre des églises pauvres et des chapelles de communautés, ou fut donné pour les missions lointaines. L'argent qui pouvait rester en caisse fut employé à aider ou secourir les anciens élèves ou les vieux employés de la maison, et le surplus servit pour les pauvres et les orphelins.

Après la clôture de la maison, une somme provenant de

tuer le percement d'une rue nouvelle, tant il y a peu de stabilité pour les choses d'ici-bas! Dans cette situation, Mgr. l'archevêque de Paris avait bien voulu permettre que les restes de l'abbé Arnoux trouvassent un dernier asile dans les caveaux de l'église des Carmes de la rue de Vaugirard; mais, pendant que l'on faisait les démarches afin d'obtenir les autorisations nécessaires pour effectuer cette translation, et que, malgré des instances continuelles, cette affaire suivait lentement et pendant plusieurs mois toutes les routes administratives et bureaucratiques que les affaires, quelles qu'elles soient, sont obligées de parcourir maintenant, les démolitions allaient toujours leur train, et, lorsque enfin les autorisations si longtemps attendues arrivèrent, les bâtiments de l'église étaient rasés totalement; le prolongement de la rue qui établit la communication de la place Sorbonne à la rue Neuve-Soufflot, et sous laquelle se trouve maintenant, à 18 ou 20 pieds de profondeur, la fosse de l'abbé Arnoux, était livré à la circulation et entièrement pavé; ce qui, nécessairement, devrait augmenter de beaucoup les embarras et les dépenses présumées de l'exhumation. Le corps est donc resté jusqu'à présent sous les décombres; il sera là seul, en attendant la résurrection, enseveli dans cette terre, qui avait été l'un des principaux théâtres de son zèle, à moins que de nouvelles vicissitudes ne viennent plus tard disperser ce qui pourrait encore rester de ses ossements.

Son cœur a été déposé dans les caveaux de l'ancienne église des Carmes; il y est bien près des restes de l'abbé Legris-Duval, qui l'estimait, et du cardinal de Bausset, qui avait loué son œuvre.

Les marbres qui étaient dans la chapelle du refuge, et sur lesquels sont gravées les inscriptions latine et française relatives à l'abbé Arnoux, ont été déposés également dans le caveau.

la quête de MM. les jurés, et qui était une nouvelle preuve de leur intérêt, fut adressée au conseil d'administration, et refusée, puisque la maison de refuge avait cessé d'exister.

Et, lorsque tout fut ainsi terminé, il a été dit, écrit et même imprimé que la suppression de la maison de refuge était une chose fâcheuse, et que cette institution faisait du bien. En effet, cette philanthropie-là ne coûtait pas beaucoup au gouvernement, puisque l'établissement était presque entièrement soutenu par la charité publique. Cette institution *faisait du bien*, puisque, en tirant de la corruption et du vice de trop malheureux enfants, elle donnait à la société des citoyens utiles à la place de jeunes criminels qui eussent pu en devenir le fléau, et présentait encore le modèle de ce que l'on pouvait faire pour la régénération des prisons.

Puis des gens charitables se sont mis à travailler de nouveau à cette œuvre de l'amélioration des jeunes prisonniers avec un zèle dont l'abbé Arnoux, l'un des premiers, avait donné l'exemple. Lorsque après la tempête, ou à la suite des ébranlements du sol, la terre est couverte de débris, les hommes vigoureux échappés à l'orage se relèvent, ramassent les matériaux épars et se mettent avec ardeur à reconstruire l'édifice; ainsi, après les commotions morales qui ont tout ébranlé, les hommes de foi, d'espérance et de charité se remettent à l'ouvrage, multiplient les bonnes œuvres et cherchent à guérir les plaies de la société; ils ont pour eux la religion, le courage, la persévérance et l'espoir du succès. La charité est éternelle comme la justice et la vérité.

HIC · SVRSVM
CORAM · DOMINO · REPOSITVM · EST
COR
PAVPERIS · SACERDOTIS
FR · XAVERII · ARNOUX · NIORTENSIS
DOMVS · REFVGII
IVDICATORVM · PVERORVM
EMENDATIONI · DICATAE
IMPETRATORIS · AVCTORIS · RECTORIS
QVI
MISELLOS · AETATE · LABILI · LAPSOS
VT
A · SAGENA · VITIORVM · ERIPERET
MORIBVS · CHRISTIANIS · REFORMARET
LABORE · SVBACTOS
ARTIBVS · LICITE · QVAESTVOSIS · INSTRVCTOS
SAECVLI · PELAGO · RVRSVM · COMMITTERE
DELEGATIS · PATRONIS · EXPLORARE · PROTEGERE
ET · IN · BONO · PERSEVERANTIORES
QVINETIAM · REMVNERARE · POSSET
MENDICABVNDA · PRECE · SATEGIT · OSTIATIM
VSQVE · DVM
SVPERNAE · VOCATIONIS · ARDORE · CONSVMPTVS
AB · ARCHIEPISCOPO · NOSTRO · REVERENDISSIMO
EXTREMVM · VALEDICTVS · BENEDICTVS
EXPLEVIT · TEMPORA · MVLTA
ANNIS · TANTVM · XXVII · M · VIII · D · IV
IV · IVN · MDCCCXX

CI-GIT LE CORPS
DE L'HUMBLE PRÊTRE
FRANÇOIS XAVIER ARNOUX
NÉ A NIORT LE 8 NOVEMBRE 1792.

Lequel, ayant obtenu du Gouvernement
cette maison de Refuge
destinée, par commutation de peine,
a l'amendement des enfants jugés,
travailla comme fondateur et directeur de l'Œuvre,
a relever ces malheureux des chutes
faites dans l'age de la plus grande fragilité.

Après les avoir retirés du grand filet des vices,
et, sous la surveillance continuelle
des Frères de nos Écoles chrétiennes,
avoir rectifié leurs penchants
par les leçons du Christianisme
et l'habitude du travail,
il leur faisoit apprendre, dans la maison,
des métiers licitement lucratifs.

Pour ne pas les exposer de nouveau
dans le monde sans appui,
il leur trouvoit ensuite des protecteurs
qui se chargeoient d'y examiner leur conduite
et d'après cet examen,
il récompensoit ceux qui se faisoient remarquer
par leur persévérance dans le bien.

Toutes ces bonnes oeuvres
avoient été le fruit des aumones
que François Xavier Arnoux
s'honoroit de quêter de toutes parts;
lorsque consumé par l'ardeur de sa sainte vocation,
visité et béni, dans ses derniers moments,
par notre Révérendissime Archevêque,
il termina une si ample carrière de vertus
en mourant, agé seulement de 27 ans 8 mois 4 jours,
Le 4 juin 1820.

L'Œuvre ne pourra se soutenir que par les mêmes quêtes.

NOTICES BIOGRAPHIQUES sur trois pro[illegible] élèves de l'Institution des jeunes aveugles de Paris.

ESSAI HISTORIQUE sur l'Institution des jeunes [illegible] Paris.

www.ingramcontent.com/pod-product-compliance
Ingram Content Group UK Ltd.
Pitfield, Milton Keynes, MK11 3LW, UK
UKHW021147230726
13926UKWH00002B/986

9 782014 467413